王国维传

摘得星辰
满袖行

慕成雪 著

江西人民出版社
Jiangxi People's Publishing House
全国百佳出版社

图书在版编目（CIP）数据

摘得星辰满袖行：王国维传 / 慕成雪著. -- 南昌：

江西人民出版社，2017.5

ISBN 978-7-210-07567-7

Ⅰ．①摘… Ⅱ．①慕… Ⅲ．①王国维（1877-1927）

—传记 Ⅳ．①K825.4

中国版本图书馆CIP数据核字(2017)第046497号

摘得星辰满袖行：王国维传

慕成雪 / 著

责任编辑 / 王华　胡小丽

出版发行 / 江西人民出版社

印刷 / 北京欣睿虹彩印刷有限公司

版次 / 2017年5月第1版

2017年5月第1次印刷

880毫米×1280毫米　1/32　7.5印张

字数 / 150千字

ISBN 978-7-210-07567-7

定价 / 36.00元

赣版权登字-01-2017-177

如有质量问题，请寄回印厂调换。联系电话：010-61529480

序言

一个时代的惊叹号

时光走廊的另一端，画卷缓缓铺陈，一个王朝的太阳即将落山，摇摇欲坠的时代迎来了变迁。而在这黄昏光景里，一个瘦瘦的男子将自己和影子共同沉入了颐和园昆明湖。

有诗人说，他的辫子，是一个时代的惊叹号。也有人惋惜，旧政权已然覆灭，他却用生命发起一场荒诞的战争，打捞那个转眼化为烟云的坍塌王朝。

他是王国维，怀揣一封遗书："五十三年，只欠一死，经此世变，义无再辱……"

堂吉诃德不是输给了风车，而是输给了时代。王国维亦如此。他是自己的刺客，他将生命还给了世界，留下了悲伤的亲人，和未来时光里所有手捧《人间词话》的世世代代。

他说："古今之成大事业、大学问者，必经过三种之境界：'昨夜西风凋碧树。独上高楼，望尽天涯路。'此第一境也。'衣带渐宽终不悔，为伊消得人憔悴。'此第二境也。'众里寻他千百度，蓦然回首，那人却在，灯火阑珊处。'此第三境也。"

这三重境界被后世的许多青年牢记于心，希望成为内心的指引与敦促，去获得"众里寻他千百度"的勇气和力量。

作为中国近代最后一个美学家，他用"意境"征服了所有人的心，他以独到论断，成为古代文化与现代文化之间的一座桥梁，搭建起时空的文化传递。

一袭长衫，一件马褂，一顶西瓜皮帽子，和一条饱受争议的小辫子，这是他留给历史的背影。

其实，只需一个转身，人们就能看见他眼中的纯白与勇气。

目 录
Contents

第一章
尘世序言——人生须惜少年时

你好，人间

钱塘江北岸，有个叫海宁的地方，古称海昌。

海宁四季分明，是典型的江南水乡，素有"鱼米之乡""丝绸之府"等美誉。由于它南濒钱塘江，西接杭州，优越的地理位置使它成为闻名中外的观潮胜地，自古以来更有"千古海昌佳绝地"的说法。

"自古盐官多骚客，吟声激越胜潮声。"美丽的海宁山川蟠郁，地灵人杰，以其丰沃的文化土壤孕育出了顾况、李善兰、陈元龙，王国维等大批知名学者、诗人、作家。海宁县里浓郁的学术氛围与历史悠久的求知环境冥冥之中给一位大师的成长铺就了一层层的台阶。

公元1877年12月3日，此时江南已是山寒水瘦，万物凋敝，只有空气中隐约流动的腊梅清香还显示着一份灵动的生命气息。海宁盐官镇双仁巷的王氏旧宅，这个在现如今充满了历史沧桑感的小院，正是一代国学大师王国维生命的起始点。

王国维出生时，天空阴云密布，不久就开始下起绵绵细雨，在产房外的其父王乃誉看着这样的天气难免有些忧心忡忡。那个年代的人或多或少都有些迷信，何况是在这样关键的时刻，王乃誉不得不在心里求神拜佛以求王国维母子平安。

据王氏族谱所载，此时王氏家族子嗣并不兴旺，王国维的曾祖父辈有兄弟三人，分别为王淮、王溶和王瀚，除兄长王淮一家人丁兴旺外，王溶与王瀚一脉皆单传，王溶的儿子叫王嗣铎，王瀚的儿子取名王嗣旦。王嗣铎无子，所以王嗣旦独子王乃誉兼祧这两家。

此时王国维的父亲王乃誉已过而立之年膝下却只有一女，即将出生的这个孩子地位自然异常重要。

万幸的是，王国维如家人所愿，顺利降生。

在中国古代，"养儿传宗接代""不孝有三，无后为大"这些思想早已经在人们的脑海里根深蒂固。王国维不仅是王乃誉的长子，还是两房合一孙。所以他的出生无疑给整个王氏家族带来了难以言喻的惊喜。

王国维最早取名为王国桢，"桢者，刚木也"，寓意刚毅果敢，坚定不移之才，代表了长辈们对他的殷切期许；取字静庵，"静者，审也，去除杂念，清心寡欲为静"，表现长辈期望他用心读书。后来改名为"国维"，取义于《诗经·大雅·文王》中"其命维新"，此后他著书立说一直沿用此名。后又取号人间、礼堂，晚号观堂，谥忠悫。

王国维出生之时，中国正处于传统帝制向共和宪政转型的动荡时代，既布满机遇，又充满挑战。那时的中国就如同一辆轰鸣而过的列车，从历史的这头呼啸着奔向新希望的另一头，而王国维正好搭上了这班驶向新社会的列车。

海宁王氏乃当地的书香世家，王国维之父王乃誉之前很长一段时间以幕僚的身份任职于江苏省溧阳县县衙，家境虽称不上大富大贵，却也是达到了温饱的水平，用现在的说法就是小康。

若要追溯家世，王家当真是"海宁巨族"。王氏家族的祖籍河南开封，王家的远祖王禀作为家族中的重要人物，北宋靖康年间官至河东路马步军副都总管。在"靖康之难"时，他奉命驻守太原城，带领守城将士英勇抗击南下侵宋的完颜宗翰的西路军，最终因城中粮食耗尽，无抵抗之力，兵败失守。王禀只得背负宋太宗画像，带着长子王荀突出重围。逃出城外不久就在金国铁鹞子重甲骑兵的围追堵截下，被逼跳入汾河，溺毙而亡。

太原虽破，但王禀功不可没，因为正是他守城有方，让太原城在无援军的情况下，坚持了九个月之久，在开封和金国南下路线上拉起了一道坚实的防线。建炎四年（公元1130年），已经建立南宋的宋高宗赵构思及太原一战，追封王禀为安化郡王，并赐谥号"忠壮"，加封他的儿子王荀为右武大夫、恩州刺史。

宋高宗还特召王禀长孙王沆，准其在直隶临安府海昌城建造"安化坊"居住，并准其"袭封前爵"。由此王氏一脉真正在海宁落根延绵。

王禀的英勇事迹受到海宁百姓的敬仰，王氏祖庙里时常有人前来吊唁进香。王禀对国君的忠诚令人们久久不能忘却，直至明代还有人兴建了"宋安化王祠"，香火鼎盛。

遗憾的是，"穷不出五服，富不过三代"。世袭"安化王爵"的王沆及其子孙不思进取，成天饮酒作乐，到王国维父亲王乃誉这一代时，王家早已家道中落。而太平天国运动的冲击，更是让王家雪上加霜。

1851年（咸丰元年），广西金田爆发的太平天国运动以迅雷不及掩耳之势迅速占据了清朝的半壁江山，富饶的江浙一带便在其中，而当时被称为"天下粮仓"的海宁更是成了太平天国政权的经济命脉和物资补给大本营。

1863年（同治二年），清政府对太平天国进行围剿，但太平天国对于海宁是严守不放。于是，清政府和太平天国在海宁爆发了一场又一场的势力争夺战，这让原本富庶的海宁在战争的摧残下迅速地衰颓，不仅经济衰退，而且政事混乱。

当1864年清政府勉强取胜重新夺回海宁时，此时的海宁已经遭受了惨重乃至毁灭性的创伤，早已不复往日风光，三千里的吴会之地随处可见断壁残垣，哀鸿遍野，民不聊生。

烽烟四起，家国无存，本来就被败得差不多的王家更是一落千丈。王国维的曾祖父王瀚，本生祖父王嗣旦为躲避战乱逃难至上海，不久相继逝世。

当时的王乃誉还只是个十来岁的孩子，在亲友的帮助下安葬了两位老人后，一贫如洗，只能在杂货铺当学徒谋生。战争结束后，随杂货铺迁返至硖石镇，投奔了作溧阳县令的亲戚，这才得到了稍好一点的谋生与求学环境。入不敷出的家境使得王乃誉不得不外出谋职，在经过长期努力奋斗之后，王家才终于得以喘息，慢慢走上小康之路。"幸福的家庭都相似，不幸的家庭各有各的不幸。"的确如此。

曾经帝王时代创下丰功伟绩的英雄们还在历史的丰碑上飘扬，"一生功名奉国家"的伟大抱负深深感染着海宁县少年的心；而名利来去匆匆、世事沧桑变幻的无助感又让这个家庭在一种敏感而多愁的氛围里浸泡着。

王氏毕竟系属江南名门，虽说家道中落，但祖上不乏文臣武将、文人墨客，家中藏书汗牛充栋，文化底蕴深厚，王国维从小便受到了士大夫文化气氛的熏陶，尤其是父亲王乃誉的影响。

这里，就不得不细说一下王国维的父亲王乃誉。王乃誉，字与言，号纯斋，后改号娱庐、承宰。少年丧父，在杂货店做学徒，经商之余，不忘攻读诗书古文，在诗文、书画、篆刻方面造诣颇深，擅长山水画。即使是在溧阳县衙作小吏时，王乃誉也没有荒废学业，时常拜访当地名家，借阅藏书字画，尽窥古玩器具，通过相互交流，使自己增长见识，加深学术造诣。有《游目录》《画粕》《娱庐诗集》等著作传世。

王国维三岁时，其生母凌氏便留下他和姐姐蕴玉撒手人寰，母爱的缺乏使得王国维的孩童年代染上了一丝忧郁，小小的他开始意识到生的残酷与死的惨烈，生命的痛感打在他的身上，却也在他精神上开出丰富的哲思之花。正如他在《静安文集续编·自序》中所说，自己"体质羸弱，性复忧郁，人生之问题日往复于吾前，自是始决定从事于哲学。"

在王国维七岁那年（1883 年），在外谋职的父亲将他和胞姐托给祖姑母照顾，祖姑母便将他送入了就近的私塾念书。老师潘绶昌，字紫贵，忠厚笃实，是王国维的第一位启蒙老师。在这里，王国维开始接受学习《三字经》《百家姓》《千字文》《幼学琼林》等启蒙读物。在老师耐心严谨的教诲下，王国维迈出了由一个无知孩童成长为国学大师的第一步。

此时的王国维已经到了"习举子业"的年龄，潘老师的教导就显得格外的重要。所谓"举子业"主要是指背诵由朱熹做注释的《四书》，并练习写八股文，其实质也就是为即将参加的科举考试打基础。因此，举子业也就是能够把笔为文、写诗作赋的时候。《朱子语类》卷三四："小儿教他做诗对，大来便习举子业。"明宋濂有《郑仲涵墓志铭》："仲涵初年学举子业，把笔为文，春葩满林。"

到王国维十岁时，王家举家迁往城西南周家兜居住。这里便是保存至今的王国维故居。这座宅院北临小河，南靠城墙，远处与钱塘江遥遥相望，环境清幽，格局考究，颇有文人气息。当初王乃誉选取此处作为新居想必也是为了给王国维一个清净优美的读书环境。家境的不断殷实是以王乃誉艰辛奋斗与不断付出作为代价的，年幼的王国维也深深感到生活不易。

迁居之后，王国维就读于离家不远处的私塾。老师陈寿田，是当地有名的秀才，也是近代著名科学家李善兰的学生，曾就读于同文馆，接触过近代西方科学与学术思想。少年时期的王国维能有这样一位接触过"西学"的新老师甚是难得。不过，虽说是接触过"西学"，但陈老师的教授内容依然以传统的"四书五经"为主，王国维深厚的古典文学功底便是在这里得到培育与发展的。先秦诸子、楚辞汉赋、六朝骈文、唐诗宋词、韩柳欧苏……少年王国维在老师的带领下，不断领略先贤所留下的宝贵财富，知识的沉淀越来越深厚。

他酷爱读书，自述："家有书五六箧，除《十三经注疏》为儿时所不喜外，其余晚自塾归，每泛览焉。"王国维后来能够在学术界取得如此辉煌的成就，饱览群书的积累起了至关重要的作用。而同时，这种大量的古典阅读也培育了王国维刚正不阿的人生秉性。不过，王国维人生秉性的奠定，一方面虽受钱塘江潮跌宕起伏所形成的文化氛围的巨大影响，但另一方面则来自于祖上长达八百年之久的忠勇壮烈精神和诗书香气潜移默化的熏陶。在文化气息如此浓郁的环境下，王国维与书为伴，在书香世家中度过了童年。

海宁四才子

中国自古流传有很多神童的故事，有《曹冲称象》中从小聪明且仁慈的曹冲，有我们在《司马光砸缸》的故事中读到的年幼但聪颖无比的司马光，还有明代内阁首辅杨廷和之子杨慎，十一岁能作诗，十二岁写成《吊古战场》令众人惊叹。当然，最令人记忆深刻的还是要属方仲永了。按照王安石在《伤仲永》中所写，曾经"自是指物作诗立就"的天才少年，但是因为目光短浅的父亲"日扳仲永环谒于邑人，不使学"，最后让仲永变得"泯然众人也"。

无论他们后来的结局如何，是功成名就或泯然众人，但是他们的共同之处都是少年扬名，幼而慧敏、少而老成，禀质特异、迥越伦萃。带着全家人的殷切期盼而出生的王国维亦是如此。而具有神童之名的王国维却非常幸运，一个高瞻远瞩且学识渊博的父亲，对他时时鞭策，进行孜孜不倦的教导，尤为难得的是，王国维本身还有一颗自发向上、乐于学习、积极进取的心。

"春风得意马蹄疾，一日看尽长安花"，登科及第、金榜题名自古以来就是中国读书人的梦想与终身追寻的目标。虽然王乃誉未读过几年私塾，可是几十年官场生涯的磨炼让他深谙知识改变命运这一信条。曾经家世显赫的海宁王家一直想通过科举制度步入仕途，重振王氏雄风。这个艰巨的任务自然而然地落在了王国维身上。

学成文武艺，卖与帝王家。经过一番努力，踌躇满志的王国维在县试和乡试中相继过关，王国维于十六岁那年（1892年）考上了生员，在某种名义上，也可以称之为一名秀才了。

说起参加科举，王家还闹出这么一段插曲。

王乃誉跟全天下的父亲一样都望子成龙，他对王国维寄予了深切的期望，但他又明白希望越大失望越大的道理，他不想给王国维造成太大的压力。当然对于王国维的学识水平，他还是充满信心。也正是他清楚地知道这一点，所以在王国维参加了第一次考试之后，王乃誉一方面是要表现得不太关心，这样王国维如果没有考上就不会太难过了，自己也好以此来安慰鼓励他；另一方面其实他自己内心也有些紧张，害怕看不到自己想要的结果。以至到了放榜的时候，王乃誉紧张得都不敢去看榜了。

父亲不愿意去看榜，王国维只好携同父异母的弟弟王国华去，当看见自己的名字以第二十一名的好成绩出现在榜单上的时候，从小就以神童之名享誉乡里的王国维昂首挺胸，得意之色溢于言表。但是他没有高兴得忘乎所以，在短暂的得意之后，他面露难色，甚至有些忧郁，因为他清楚地知道，自己对于科举考试并不如旁人那般热衷，甚至有些许厌恶。

对于这次考试，他觉得自己考上是理所当然的，但是他对科举求仕却兴趣乏乏，可同时他又不敢违背父亲的意愿，害怕看到父亲失望的眼神。

王国维当时所处的是一个被传统的"寒窗苦读十年书，只待今朝状元时"思想所统治的时代，一切不符合这一"标准思想"的"异端"都会被唾弃，而伴随着王国维知识与见识的增长，现实牵掣下的单一性与思想的丰富性之间出现了一种不合时宜的裂缝。然而想要壮怀激烈、指点江山的王国维却囿于对父亲这一方的考虑，他也只能将自己真正的爱好深埋心底，听于家命，参加科考，按照父亲的意愿与安排顺从地活着。

少年王国维的这一次声名鹊起在街尾巷角广为流传，"神童"之名声振八方，被众人所知晓。王国维经常外出交友论学，陈守谦、叶宜春、褚嘉猷都是他的好友，他们时常在一起吟诗作对，切磋学问。考中秀才后，王国维与这三位朋友被当地人们尊称为"海宁四才子"，王国维以其才学位居四才子之首。

四才子中，诸嘉猷在与他们三人相识不久后便东渡日本求学，远隔重洋，此后联系便不再密切。叶宜春才学上长进不大，初露头角后不知何种原因也没了踪迹。只有王国维和陈守谦的关系密切，二人的友谊更是延绵一生。

陈守谦，年长王国维五岁，学识不如王国维，他谦虚恭敬，自称在才学上不如王国维，但这丝毫不影响二人的友谊。陈守谦后来官运不错，做了知县、候选知府，宦海沉浮依旧不忘少年故交。

历史上对于海宁四才子中其他三位才子的记载寥寥无几，对于陈守谦，只知道他出自海宁陈家。陈家与王家、蒋家、徐家类似，都是耕读传家，学而优则仕，则商，居庙堂之高显赫累世不衰，处江湖之远文脉千年不绝。

陈家的老宅坐落于海宁核心位置，明清两朝，陈氏一族共出了31个进士，107个举人，442个秀才，且乾隆帝二至海宁，均入住陈家，可见陈家地位与影响之非凡。

青年人总是朝气蓬勃，意气风发，年轻的王国维也一样。他时常与好友们踏青游玩，吟诗作赋，探讨学问，谈论古今。陈守谦回忆那时候的他们经常聚在一起："上论古今，纵论文史；或校勘疑误，鉴别异同；或为词章，彼此欣赏。"在王国维的诗中这样写道：

孟夏天气柔，草木日夕长。

远山入吾庐，顾影自骀荡。

晴川带芳甸，十里平如掌。

时与二三子，披草越林莽。

清旷淡人虑，幽蒨遗世网。

归来倚小阁，坐待新月上。

渔火散微星，暮钟发疏响。

高谈达夜分，往往入遐想。

咏此聊自娱，亦以示吾党。

诗中的"时与二三子，披草越林莽"生动形象地表现出了"海宁四才子"在林中踏青游玩、饮酒作诗的场景，而从"高谈达夜分，往往入遐想"我们仿佛看见，在一个月明星稀，风轻云淡的夜晚，王国维和好友们相聚湖心亭中，或是两两对坐，高谈阔论；或是仰头望月，饮酒作诗。好一幅月夜齐聚图。

王国维对于当时那种状态非常满意，古有"伯牙子期"那样的知音，"竹林七贤"那样的知己，王国维也认为自己的人生有一知己足矣！可对于王国维和好友这种整天不务正业，常常群聚玩闹嬉戏、吟诗作对的行为，其父王乃誉却颇有微词。他认为他们这种行为不免好高骛远，评之："名为高，实为懒；名为有学，不苟且，实则无作为耳。"

无心科举

　　1892年（光绪十八年）满怀自信前往杭州参加府试的王国维被人生中的第一次大挫折浇了一盆冷水——考试受挫未成，父亲王乃誉在日记中写道："静儿杭回，知考而未取。自不思振作用功于平日，妄意自为无敌，及至临场数蹶，有弃甲曳兵之象，尚何怼于有司之不明，实愚而好自用也！"

　　平日里非常有自信的王国维突然遭此打击，显得十分怨怼与不满。这样的一次经历也为他后来的科考之弃隐隐地埋下了伏笔。

　　王国维于壬辰岁试入州学，翌年赴杭州备考"恩科"，却临阵弃考，交了白卷。陈守谦这样写道："君于学不沾沾于章句，尤不屑就时文绳墨，故癸巳大比，虽相偕入围，不终场而归，以是知君之无意科名也。"其实这并不是王国维第一次放弃科举考试，他在第一年的考试中就交了白卷，临阵弃考。对于他的这种行为，他的父亲王乃誉愤怒无比。

　　王乃誉生逢乱世，早年受到太平天国运动的影响，失去了科举的机会，因而一直心有遗憾，而现在他的儿子有了这个机会，并且还居于"海宁四才子"之首，对于王乃誉来说，这是一个机会，是一个弥补他遗憾的绝好的机会，他将科考的希望和光宗耀祖的重任都寄托在了王国维的身上。因此他的父亲去世后，不惑之年的王乃誉就以丁忧为名，辞官在家"以课子自娱"。正是这种望子成龙的急切心理，使得王乃誉对王国维的教导接近严苛，在记载中多次出现"斥静儿（指王国维）"一词，满心希望自己未遂的志愿能在大儿子身上实现，最终却事与愿违，惹得满怀伤心。

王国维先是落榜，后又弃考，王乃誉对他的这种行为在痛心疾首之余又尽心竭力为其出谋划策，终于在千百条他所选择的出路中为王国维找到了一条他认为的最好的去处，那就是入杭州崇文书院求学。但父亲的殷切希望最终却化为泡影。在崇文学院，王国维并未把主要精力用来准备应试，而是从博览群书中产生了对史学、校勘、考据之学及新学的兴趣，不久，王国维就从崇文书院退学了。

一直以来书院都是以教书育人为终极目标，德行最为重要，其次才是学识。和今天的素质教育不同，现今的学校追求的是学生的"德、智、体、美、劳"全面发展，但古代的书院只是教学生们习文与做人的道理。

崇文书院与当时的大多数书院并无不同，都是教授八股习文，以教书育人为己任，以科举考试为目的。这对于无心科举的王国维来说，多上一天课，就多一分煎熬，他真正的兴趣并不在单为求取功名的科举考试之上。崇文书院作为杭州府赫赫有名的书院，其办学能力自然无可置疑，在教育教学上的投入也是普通书院难以望其项背的，因此，书院的学生开支也不小，这对于家境本来就不太好的王国维来说又是一大忧虑。

也正是因为这两个原因，王国维放弃了在崇文书院求学，辗转回乡。之后家庭的负担使得他不得不以在私塾当教书先生，从而获得微薄的薪资谋生。这样的生活直到他成家之后才有所改变。

自此，虽然父亲王乃誉还一直坚持着，但王国维已经从心底里放弃了科举这条路，而遭逢国难也让王乃誉望子科举求仕的愿望彻底化为泡影。

1894 年（清光绪二十年），时值甲午，在中国近代历史上这是无比沉痛的一年。与中国一衣带水的日本一直妄图占领中国，这一年，它趁着清政府懦弱无能，穷凶极恶地对中国发起了进攻，清政府花巨资打造的北洋水师全军覆没，史称甲午中日战争。

一年后，清政府签下了丧权辱国的中日《马关条约》，一时之间举国哀痛，有识之士纷纷举起了挽救国难的大旗，"四万万人齐落泪，天涯何处是神州？"

　　面对国难，年仅十八岁的王国维奋笔疾书，将满腔的爱国之情与怒火写成了一篇"条驳"俞樾《群经平议》的文章。此时国难当头，他更加无法再安心准备科举考试了。

　　从科举考试失败，到放弃科举之路，王国维坦然承认，所谓"八股制艺"，虽在私塾学习，唯"用力不专，略能形似而已"。前文中已经提到，王国维自幼在正常的学习之余喜好看些金石、考据、绘画和书法等课外书，在私塾下学之后往往便一头扎进父亲王乃誉那"五六篋书"中不能自拔。父亲的文学趣味潜移默化地影响着王国维的审美，对他日后的学术选择产生了不可磨灭的影响。

　　王国维后来记述："（家父）遍游吴越间，得尽窥江南北诸大家之收藏，自宋、元、明、国朝诸家之书画，以至零金残石，苟有所闻。虽其主素不识者，必叩门造访，摩挲竟日而去，由是技益大进。"

　　虽然王乃誉对王国维要求很严苛，并且从始至终都希望他走上科举考试这条路，但是一个人的行为习惯和处事风格是难以改变的。

　　王乃誉年轻之时，因为家庭负担需要，不得不以经商来谋生。经商之人走南闯北，他多而广的见识使得他接受了比较先进的思想，因此可以说，王乃誉本身思想是比较开明的。还有就是，王乃誉辞职回家后，在一心教养孩子之余，常常"以课子自娱"，对金石书画颇有研究。"先兄一生淡名利，寡言笑，笃志坟典，一本天性；而弱冠内外，其有承于先君子者尤众。"其弟王国华的这段话也证实了这一点。可以说，正因为有父亲的熏陶，王国维才一发不可收拾地走上了放弃科举之路。只不过这种熏陶的潜默与隐性，或许连王乃誉自己都没有发觉。

妾意苦专君苦博

回乡后的王国维极其苦闷，原因有二：

其一是，此时中国正掀起一股留学热潮，然而家境清贫的他显然没有这样的机会，他不能像那些富家子弟一样出国去实现自己的追求，只能在这小地方做一名不足挂齿的私塾先生，从而获得绵薄的薪水以养家糊口；

其二是，王国维自己热衷新学并且对科举毫无兴趣，但是父亲却不能理解他，父亲寄托在他身上的科举求仕之心一刻也没有消停过。

对于王国维当时那种急躁的心情，父亲王乃誉很是理解，但他又无可奈何，想着成家以后王国维应该能够成熟些，便做主为王国维寻了一门亲事。自古以来，男女亲事大多遵循"父母之命，媒妁之言"，所以王国维对于父亲的自作主张并没有觉得不可。

1896 年（光绪二十二年）11 月 28 日，王国维与同邑商户莫寅生之女莫氏大婚。这年王国维已经二十岁，在当时来说，虽然已经属于晚婚之龄，当时王国维事业未定，可是步入婚姻并没有影响到他在事业上飞鸿展翅的抱负。小两口婚后琴瑟和鸣，家庭十分幸福。莫氏还先后为王家生育了三个儿子，这对于子嗣不旺的海宁王氏来说，无疑是天大的福音。

王国维后来所作《人间词》，虽然多为悲凉婉转之作，但也有温馨闲逸的作品，例如《人间词乙稿》中有一首《浣溪沙》，就是他回忆新婚甜蜜岁月的篇目。这首词将新婚燕尔的夫妇，驾一叶扁舟，荡漾在水面，这种令人难以忘怀的良辰美景描绘得惟妙惟肖。

爱棹扁舟傍岸行，红妆素裹斗轻盈。脸边舷外晚霞明。

为惜花香停短棹，戏窥鬓影拨流萍。玉钗斜立小蜻蜓。

婚后，王国维不得不担起家庭的整个开销，迫于生计，他一边在同乡陈汝桢（字枚肃）家充任私塾先生，一边遵照父亲的意愿准备来年的乡试。在父亲的催迫下，王国维于1897年（光绪二十三年）9月再次来到杭州参加乡试。而随着这次乡试的落榜，王国维从此便彻底断绝了科举的念头，转而开始了他极为辉煌但也颇为艰难的"独学"之路。

王国维之所以断绝科举念头，究其根本就是他从内心不喜欢科举时文，甚至有些反感，最重要的是，他受到了当时国内新学兴起的局势的影响。不安定的政治环境为王国维不想参加科举考试找到了完美的借口，此时的他喜忧参半，喜的是自古乱世出英雄，忧的是自己身处乱世却并没有过人的优势。

王国维自幼不喜"时文绳墨"，一味偏好金石文史，早在幼年上私塾期间，就对金石史书颇有兴趣。他每天在学堂正常学习八股习文，下学之后便一头扎进父亲的"五六箧书"中难以自拔。

1892 年（光绪十八年）他到杭州府参加府试时，就用自己攒的零花钱买了他的第一套课外书籍"前四史"。这是他第一次买自己所喜欢的书籍，他倍感珍惜，不仅爱护有加，更是翻来覆去地读了很多遍。对此，王国维后来在《三十自序》中说："十六岁见友人读《汉书》而悦之，乃以幼时所储蓄之钱，购前四史于杭州，是为平生读书之始。"

前四史，指的是《史记》《汉书》《后汉书》和《三国志》这四部书。这四本书与王国维以前一直接受的刻板规律、结构严谨的"时文绳墨"和"八股习文"有所不同，前四史多由生动优美的语句、各式各样的题材、丰富的材料故事以及严谨的结构组成。

成亲后的王国维依旧年少轻狂，少年不识愁滋味。那时他还涉世经验不深，心中难免感到挫折苦闷。这时候的王国维对于社会的认识还停留在一个很片面的层面上。

当时社会上"家家谈时务，人人言新学"，王国维自然也受到了新学影响，思想较为叛逆。而国人中精通西学的人并不多，所以"走出去，请进来"也就成为一种广受欢迎的教育模式，社会上自然而然地兴起一股"留学热潮"。

由于家贫而不能出国留学的王国维甚是烦闷，他认为自己极其不幸，生在这样的贫苦家庭，不能像那些富二代、官二代那样要风得风，要雨得雨。他的这种悲伤的思绪不停地延绵着，然后无限放大。当时的王国维心中满怀不得志的苦闷。出洋留学不成，科举仕途不畅，虽然他还沉浸在怏怏不乐的思绪里，但这就是成长需要付出的代价，作为一个组建了家庭的男人，王国维必须要承担家庭的责任和义务。

于是，王国维在辗转几家私塾任教之后，不得不奔赴上海开始他新的人生征程。

1898 年（光绪二十四年）2 月，王国维辞别新婚妻子，北上上海，在《时务报》谋生。这时他才真正感受到"人生百味"，其中，莫名其妙的烦躁和对未来一筹莫展的郁闷竟占据了他的大部分时间，也正是这段日子让王国维对社会和人生产生了新的认知。

同时，促使王国维对社会和人生产生深层思考的，还有那个激荡多变时代的思想狂飙，这是王国维追求新学、探索新思想而决意到上海"谋生"的内在因素。

第二章

展露才学——不关义气尚青春

上海滩，令人窒息的梦

1894 年，甲午中日战争爆发，北洋水师全军覆没，清政府无力抗敌，被迫与日本签订了丧权辱国的不平等条约——《马关条约》，1898 年，维新变法等兴起，在康有为、梁启超的带领下，进京赶考的学子们纷纷响应并发起了一场上书请愿运动——史称"公车上书"。

戊戌变法，又称百日维新，是以康有为、梁启超为主的维新派人士倡导的向西方学习，提倡科学文化，改革政治、教育制度，发展农、工、商业等的政治改良运动。它是中国近代史上一次重要的政治改革，也是一场思想启蒙运动，促进了思想解放、社会进步和思想文化的发展。

这时的王国维，已经成家，但却没有立业，所以这场思想解放运动对他来说无疑是一场机遇。他决定去上海谋职，一来可以养家糊口，二来也可以实现自己能够接受新思想熏陶的梦想。

上海，作为首批沿海开放城市，是一座历史文化名城。气候温润，景色宜人。在所有人的记忆里，上海滩都是作为一个繁华、发达的梦幻般存在的城市，有"冒险家乐园"之称。

时任上海知县的是王国维的同乡，名叫陈其元，是"海宁世家"陈氏后人，先祖曾是自乾隆年间起担任三朝宰相的陈元龙。陈其元在担任上海知县期间，写了一本《庸闲斋笔记》，这是一部在晚清笔记体文章中兼具史学价值和趣味性的作品。陈其元身为名门之后，结交甚广，并且久任中下层官吏，见闻颇多，他在书中详细地描述了清末的官场轶事、典章制度、重要史事等，书中还收有地方民俗、中外交涉等资料。

在《庸闲斋笔记》中，陈其元写道："上海自泰西通商后，环北门外十余里奏明给洋人居之。洋人岁输其租，谓之租界。"文中提到的"泰西通商"是指鸦片战争清政府战败后被迫与英国签订的《南京条约》中开辟上海、南京等五地为通商口岸的规定。"岁输其租"是指清政府允许外国人在上海租用土地，修建房屋，英国、法国、美国在上海的租界也由此产生。

此时的上海滩，表面上繁华富丽，但实际上却纸醉金迷，腐败不堪。西方文化的冲击，一方面为国人的进步觉醒提供了必要的准备与条件，但另一方面，却也带入了大量的资本主义社会糟粕，使得上海滩变得乌烟瘴气。

此情景在陈其元的《庸闲斋笔记》中也有提到："夷夏糅杂，人众猥多，富商大贾及五方游手之人，群聚杂处，娼寮妓馆，趁凤骈集，列屋而居，倚洋人为护符，吏不敢呵，官不得诘，日盛一日，几于花天酒地矣。"

王国维是在父亲王乃誉的陪伴下来到上海的，眼前的一切令王国维父子眼花缭乱，虽说王乃誉早年经商也曾走南闯北，见过世面，但此时的上海人潮涌动，熙熙攘攘，早已不是他早年穷苦时流落上海街头时看到的模样。这不禁令王乃誉感慨万分。

灯红酒绿的"十里夷场"（所谓"夷场"就是指租界），西装革履的商业大亨，车水马龙的繁华街道，情色奢靡的金发洋人与脑后拖着小辫的华人随意进出于茶楼酒肆间，这一切在初到大城市的王国维眼中都是新奇不已的。

海宁，虽然是自古富庶的"鱼米之乡"，但终究落后于上海这座大都市许多。初到上海的王国维心情难以言说，在他所作《人间词甲稿》中有一首《鹧鸪天》，所描述的应该就是他初入上海滩的情境：

阁道风飘五丈旗，层楼突兀与云齐。
空余明月连钱列，不照红葩倒井披。
频摸索，且攀跻。千门万户是耶非。
人间总是堪疑处，惟有兹疑不可疑。

这是王国维对眼前场景的一种真实的写照，上海街道两旁，商家鳞次栉比，客栈商铺、酒肆茶府、烟馆戏院，甚至连娼妓的烟花场所都有自己的招牌，正所谓是"阁道风飘五丈旗"。洋人们在租地修建各适各样的建筑，纵横交错，恰似"层楼突兀与云齐""千门万户是耶非"。

不得不提的是，在王国维决心来上海发展的时候，他真的十分幸运：恰逢一位在上海《时务报》任书记的同学有事返乡，因此寻了王国维去代替他的工作。王国维初抵上海后，见识过大城市的忙碌繁华，他最为期待的还是即将要去工作的地方——《时务报》报馆，这个早已令他魂牵梦萦的新学发端、维新运动的舆论主阵地。

罗振玉后来在《海宁王忠悫公传》中记述说："公（王国维）时方冠，思有以自试，且为菽水谋，乃裌被至沪江，顾无所遇。适同学某孝廉为舍人司书记，以事返乡里，遣公为之代……"就这样，王国维前往上海《时务报》就职，踏上了他人生的转折之行。王国维到《时务报》馆"谋生"，从一定意义上说是奔着梁启超、章太炎等学者前辈而来的，而遗憾的是，在王国维来到报馆之前几位前辈学者已纷纷离开，另寻他处，这让王国维感到些许失落。

对此，初到上海的王国维心绪难平，内心五味杂陈，到报馆报道几天后他便在写给同学许家惺的信中感慨道：

"别后次晨到硤，乘王升记轮船，午刻开行，晚抵平湖，次日巳刻始达上海，谒见穰卿（汪康年的字）、颂阁（汪诒年的字）两先生，途中平善，堪慰垂注……弟在此间，得从诸君子后与闻绪论，甚幸，甚幸。足下为我导夫先路，感何可言。云樵（欧榘甲的字）先生人极和平，惟言语不通，无从请益。恺君、敬堂二先生亦待弟甚周到，堪告慰耳。前日穰卿先生与卓如（梁启超的字）先生信，拟请郑苏庵（郑孝胥的号）为正主笔，此刻尚未定，因外人颇不满于穰卿先生着述故也。琐此奉告。"

许家惺，字警叔，号默斋，年长王国维四岁。他们的关系仅仅算是相识，因许家惺在《时务报》报馆担任书记，初次报到的王国维和他有过一面之缘，为其诚恳态度所感染，两人也约定有事时互通信件，可以说，许家惺为王国维开始接触维新思想打开了一扇窗口。

这封信是王国维初到上海写的第一封信，信中不仅写了王国维对《时务报》的第一印象，还提到了他在《时务报》主要的工作情况。涉世未深的王国维将许家惺视为对自己有知遇之恩的朋友，认为许家惺给自己介绍了工作，又是思想交流上的挚友，对他很是感激。然而，他的父亲王乃誉则不这么认为。

王乃誉不愧是拥有丰富的社会经验的老江湖，他看清了许家惺的真实意图。许家惺另谋了好出路，参加浙江地方志的编撰，可直接辞职前去有点冒险，所以他引荐王国维进入《时务报》报馆。一方面，为初到上海的同学谋了份差事，聊表地主之谊；另一方面，王国维进入《时务报》报馆实则是顶替他的工作，为他留着后路。王国维的身份在当时被称为"作替工"，毫无任何保障可言。

可王乃誉即使是看穿了许家惺的真实意图也是无可奈何，只能眼看着儿子王国维接下这份工作。王国维常年埋头苦读，满腹经纶，深知圣贤书，却不善为人处世，单纯的他很容易被人算计，想到王国维将要在上海这个鱼龙混杂的地方谋生，王乃誉不免十分担忧。

当时的《时务报》主编是汪康年。

汪康年，字穰卿，又字毅伯，晚号恢伯，浙江钱塘（今杭州市）人，是清末维新派的主要成员之一。清德宗光绪间进士。汪康年出自浙江海塘名门，是著名藏书家振绮堂汪氏的后代。早期曾做过湖广总督张之洞的幕僚，在两湖书院担任分教等职。1892年汪康年到北京参加会试，不幸突发疾病，不得不放弃了殿试返回湖北。两年后，即1894年，终于参加了殿试。

时值甲午中日战争，国难当头，汪康年眼见国家危亡衰败，发愤参与救亡图存。受康有为的邀请，来到上海，参与强学会，次年，与黄遵宪办《时务报》，自任经理，聘请梁启超为主编。他曾着文宣传资产阶级民权思想，是中国近代资产阶级改良派的报刊出版家与政论家，曾支持上海人民反对法国人侵占"四明公所公墓"的运动。

1901 年《辛丑条约》签订后，俄军久驻奉天（今沈阳市）不撤，他愤然致电中外，慷慨力争。1904 年，他再次去北京参加朝考，被清政府正式任命为"内阁中书"。有《汪穰卿遗著》《汪穰卿笔记》传世。这位既热衷西学、宣传维新思想，同时又努力考取清政府功名的人看似十分矛盾可笑，但细想，这也是当时的社会环境下知识分子的无奈。不可否认的事实是：汪康年是一位十分爱国，渴望为国尽力的知识分子。

王国维父子初到《时务报》报馆，受到了主编汪康年的盛情接待。父子二人对这位以清政府进士的身份投身维新运动的同乡，自是十分敬仰。

初次见面，双方免不了一阵寒暄。王乃誉自称是乡野村夫，与儿子王国维都没见过什么世面，初来乍到还请汪康年先生多多关照，并且不忘夸赞汪康年学识渊博，令儿子王国维要多多向他请教，只为王国维在报馆更好的存身立命。为人父母，爱子之心无以言表。

王乃誉在替王国维打点好与报馆同事的关系后，还不忘嘱托缺少处世经验的王国维，要他一是不要忘记努力学习，选择良师益友，增加自己的学问与才干；二是叮嘱他要慢慢学会为人处世之道，世事洞察，处处留心。安顿好一切后，王乃誉心怀对王国维的牵挂返回海宁。王国维也暗自发誓不会辜负父亲的嘱托，认真工作，努力学习，选择跟随良师益友。

汪康年比王国维年长十七岁，看着眼前这个二十出头、有些弱不禁风的秀才，难免会有些轻视。况且王国维的穿着打扮也很不洋气，他头戴一顶毡帽，身穿肥大的粗布棉袍，系着一根粗腰带，脚上穿着一双元宝型棉鞋。这个形象着实与汪康年常见的进步青年差距甚远。王国维初到上海，不善言辞，汪康年只把他当作从小地方来上海谋生的人，殊不知看似平凡且默默无语的王国维今后会有大作为。

王国维初入《时务报》馆是做书记员，主要工作除了要做抄写、校对等工作以外，还同时负责报馆门房收发信件和接待来客等杂事。按照罗振玉所说："公平生与人交，简默不露圭角，自待顾甚高。方为汪舍人（按：汪康年曾为清'内阁中书'，故称'舍人'）司书记，第日记门客及书翰往来而已，故抑郁不自聊。"

但是，他并没有因此而放弃自己的初衷，而是在闲暇之余坚持学习。来到报馆没几天，他便向老同事借来梁启超所撰写的《读西学书法》《农务新诠》等书籍，从中学习先进的西方科学知识，阅读揣摩外国书籍的要领。而后来的事也证明，当年汪康年印象中这位不善言辞、外貌"老土"的青年很快令他刮目相看。

七年之后，王国维代罗振玉主编《教育世界》杂志，他的肖像被登在了首页，作为杂志社专攻哲学的大家，他目光坚定，眼神如炬，风采不凡。

汪康年是中国近代思想启蒙的早期人物，他不贪恋权贵，一心只求为救亡图存、挽救国难尽一份绵薄之力，他热衷维新事业，创办报刊，新式学堂，功绩重大。他此生最大的失职也许就是在结识王国维后，没能慧眼识英才。虽然王国维这位"千里马"没能遇上"伯乐"，但从另一个角度看这未尝不是一件好事儿。

因为初来报馆不被重视，王国维的工作与打杂无异，然而，正是因为打杂的工作不是很忙碌，闲暇时间较多的王国维有充足的时间与良好的条件来接触"新学"。他不仅可以阅读大量"新学"刊物和书籍，还接触了形形色色的维新学者，其中有真正饱读诗书、满腹经纶的饱学之士；有心怀天下、道济苍生的爱国志士；当然，也不乏趁机攀附权贵、借维新而另有所图的心机之辈。无论是何种人，王国维都从他们身上有所感悟与启发。与饱读诗书者切磋学问，与心怀天下者指点江山，至于那些心怀不轨之徒，则被他当作反面教材，练习为人处世之道了。

王国维来报馆不久，大名鼎鼎的维新运动领袖人物康有为也到了上海，会见了《时务报》的诸位同仁，王国维在其老师欧榘甲的引荐下见到了康有为。不善言谈的王国维并没有引起康有为的注意，但他的老师欧榘甲却对这个其貌不扬的小伙子产生了极大的兴趣。

欧榘甲，广东省惠阳人，是康有为的得意门生。他字云高，别号云台，于1897年（清光绪二十三年）先后任《知识报》《时务报》笔政，撰文宣扬变法。维新运动失败后，欧榘甲在日本协助梁启超编《清议报》，撰写了《中国历代革命说略》，鼓吹革命。

1903年（清光绪二十九年），欧榘甲与唐琼昌等人创办《大同日报》，担任总编辑。后来因为多次攻击孙中山，而被逐出报馆，远赴新加坡办《总汇报》，从事保皇活动。

1908年（清光绪三十四年），欧榘甲发起组织振华公司，并与广西督抚张鸣岐联合招商承办了广西贵县开平山矿。次年从新加坡回国赴贵县。康有为认为欧榘甲借商谋乱，请求清政府将其逮捕。欧榘甲被迫藏匿于家乡。1911年（清宣统三年）欧榘甲被人误打至伤，不治而亡，传世的作品有《环球日记》等。

欧榘甲虽然是康有为早期的嫡传弟子，但他并不像同学麦孟华那样锋芒毕露，血气方刚，当众人纷纷离开《时务报》报馆时，他毅然决然地留了下来。欧榘甲为人谦恭，态度温文尔雅，与王国维相处得很好。王国维说着海宁话，欧榘甲说一口流利的粤语，在普通话尚未普及的当时，两人的交流有诸多的不便。

王国维拜欧榘甲为师后，两人为了解决语言不通的交流障碍，甚至采用了手写会意的方式，进行沟通交流。

欧榘甲向王国维讲述康有为的学说，将王国维领入维新学说的境地，并将康有为学说的要义传播孔教、重视民权、改良制度等传授给了王国维。同时，欧榘甲还指点王国维研读了《春秋公羊传》、董仲舒所著的《春秋繁露》以及黄宗羲所著的《宋元学案》。

然而，这些书籍以及其中的思想，王国维并不是十分赞同，这些并不是他心中想要学习的真正"新学"。不久之后，王国维的老师欧榘甲离开《时务报》报馆前往长沙时务学堂作了教习。

王国维师从"康门弟子"欧榘甲，还有幸拜见了当时国人极为仰慕的"康圣人"——康有为。对此，父亲王乃誉在日记和家信中都有记述："静师事欧公，示以传孔教，重民权，改制度。其行则曰'仁'、曰'诚'。其书重《六经》《公羊》《春秋繁露》《宋元学案》。欧亦南海先生（康有为）之门，其中佼佼者……来书所谒康公抑是南海先生否？"

从王乃誉的言辞间不难看出，王国维在《时务报》的生活可谓是收获颇丰。欧榘甲曾在临离开《时务报》之前针对王国维向往新学之心，做出善意的规劝。他建议王国维到《译书公会报》和《格致汇编》等专门译介西方科技的报馆去谋取新职，那里才是中西人才荟萃之地，对于王国维追求新学将会大有裨益。因为随着维新风云人物的相继离开，此时的《时务报》已经没有了当日的辉煌。对此，王国维从内心表示认可："与欧君想甚合，劝其入翻译中西文报馆，以各高才荟萃之所，数月后或可大进，另图佳所云云。"

但是，王国维的父亲对儿子的这种想法却显得很谨慎，他写信劝阻道："初进此，未得分文，且初与交往，恐难得深信，若更他适，则荐者与家人乡友非怪太活，决使且留会，竭以空闲学之，更须常往还之，况粤浙恐成冰炭，是又非宜。"

以王乃誉的意思，他还是希望王国维能为家庭生活而再忍耐一些，保住这份来之不易的工作，王国维不便违背父亲的意思，于是选择坚守忍耐，将就着留在了《时务报》，但两个月后，因为薪水的缘故，王国维还是离开了。

说起《时务报》的辉煌，不得不提一提它的发展历程。《时务报》是戊戌变法时期维新派最重要、也是影响最大的机关报刊。创立于1896年（光绪二十二年）8月9日，由黄遵宪、汪康年、梁启超等人创办。《时务报》以变法图存为宗旨，分设论说、谕折、京外近事和域外报译等栏目，是一份用以专门宣传维新救亡图存思想的期刊，也是中国人办的第一个杂志。

在《时务报》创刊之前，康有为的得意弟子梁启超就受命来到上海为该报担任主笔，在梁启超超凡的文笔带领下，《时务报》迅速成长为当时众多新学报刊之翘楚。

《时务报》的报馆地址设在上海四马路，其创办主旨就是启发民众智慧、变法救亡图强。因此当时聚集了梁启超、汪康年、黄遵宪、章太炎、麦孟华和欧榘甲等一大批维新志士和文化干将。一时间，这些文化志士和维新派干将凭借其万丈豪情和卓越才华，猛烈而厚重地抛出了诸多掷地有声的惊世文章，不仅使《时务报》成为戊戌变法时期与天津《国闻报》齐名的对社会影响最大的报刊，而且确实对开启民智、宣扬维新、抨击现实和传播西方先进的科学技术、文化思想都起到了难以估量的巨大作用。

天才宣传家梁启超的加盟，更让《时务报》一夜之间名声大振。梁启超的文章极具煽惑鼓动性，文风大胆活泼，他直面针砭时弊的非凡勇气和深切反映民众心声的人文情怀，没用多久便将《时务报》推上了极为辉煌的发展高峰，使其成为深受读者欢迎并且享誉全国的一份维新报刊。

入读"东文学社"

王国维在《时务报》任职的时候，依然坚持学习以完善自身，弥补自己非科班出身的缺憾，他虽然不喜欢八股习文，但是对于中国传统的知识文化还是颇具兴趣的，对于应该学的，必须具备的知识能力，王国维清楚地知道，那都是必须要去学习的。

机会往往是留给有准备的人的，对于一直准备着的王国维来说，机遇就是从与《时务报》馆比邻的新马路梅福里开设的那家专门教习日语的东文学社开始的。当王国维注意到这个东文学社，并且想去学习的时候，东文学社正在招生，一个难能可贵的机会从天而降，摆在他的面前。

东文学社开办的时间是"戊戌二月"（1898 年 3 月），是罗振玉在上海成立学农社的一个附属机构，是培养日语翻译人才的一所私立学校。那时，上海虽早有以教授英文为主的教会学校，而由国人自办、以日文为主的外语学校却仅此一家，加之学社章程公开登在《农学报》及上海出版的日本《东亚学会杂志》等报刊上，一时间声名远扬，引起了不小的动静，吸引了众多青年学子前来报名。先进的教育水平和远播的名声，决定了东文学社的学费比较高昂。学社章程规定的缴费标准是每年学费二十元，还须自理食宿。

而王国维初入《时务报》馆，月薪才十二元，还要养家糊口，显然，这样高昂的学费对王国维来说捉襟见肘。但他又为什么得以在东文学社学习呢？这就不得不提到王国维这一生的"贵人"罗振玉了。

罗振玉，字叔蕴、叔言，以"雪堂"之号名闻学界。他出生于江苏省淮安县，原籍浙江上虞永丰乡，故自称"永丰乡人"。他是中国近代农学家、教育家、考古学家、金石学家、敦煌学家、目录学家、校勘学家和古文字学家，中国现代农学的开拓者，中国近代考古学的奠基人。

同王国维一样，罗振玉也是十六岁（1881年）考中秀才，而且名次比王国维还高，是以第七名入"县学"，因而被长辈视为"异才"。罗振玉的父亲请人为他算命，说此子命中注定要进士及第，异日将进京做大官。可翌年罗振玉应乡试考举人，却"报罢"落榜。

其后，父亲为他延师补习，让他再次参加乡试，可还是没有考中，这使他悟得"科名得失，全操于人"。所以他便不顾长辈催促，再也没有参加科考，并且为谋生去私塾任教。

罗振玉曾在山阳（今淮安）的邱家担任私塾教师，喜好结交朋友，与名门出身的邱宪成为好友。同时，罗振玉还担任淮安炼丹师刘鹗家的私塾教师，这位刘鹗便是著有晚晴四大谴责小说之一的《老残游记》的作者。罗振玉与刘鹗一见如故，结交甚密，后来甚至还结成了儿女亲家。受甲午中日战争的影响，罗振玉创立了"农学社"，设《农学报》，东文学社就是农学社的一个附属机构。

罗振玉有着与王国维相似的爱好，都酷爱古玩器具、古书字画，并且十分喜好考据之学，这一爱好也在无意中拉近了他与王国维的距离，为两人今后的深厚友谊奠定了基础。

千里马之所以是千里马，除了他本身的价值以外，还需要伯乐的赏识，幸运的是，王国维这匹千里马遇到了罗振玉这样的伯乐。这还要从罗王二者的相识说起。

据上海的陈鸿祥先生表述："那时，罗振玉是《时务报》馆的常客，他的书信，亦多由《时务报》馆转达，故他不但经常与汪康年兄弟往来，并且会与做着《时务报》馆门房和收发的王国维见面交谈，乃在情理之中。"

二者的初识具体说法不一，其中有一种是这样的："元宵节前后，罗氏来到报馆，初次见面那天，王国维独自在房间里饮酒读《庄子》，音节苍凉，罗氏闻之大奇。彼此交谈起来，罗振玉发现这位从海宁来的'书记员'貌似木讷，实则满腹才学……"得知王国维的处境，罗振玉动了恻隐之心，这也为后来王国维进东文学社学外文，并入《农学报》做编译作了铺垫。

后来在罗振玉的帮助下，王国维得到了《时务报》的总编辑汪康年的允许，得以在东文学社学习，即"半工半读"，一面在报馆打工，一面去东文学社读书。罗振玉还将王国维列为"贫苦生"，让他免缴了学社规定的各种费用。

王国维在《三十自序》中记述到："二十二岁正月始至上海，主《时务报》馆，任书记校雠之役。二月而上虞罗振玉等私立之东文学社成，请于馆主汪君康年，日以午后三时往学焉。汪君许之。"

东文学社的教育方式跟很多中国传统书院有所不同，它在保持原来的传统教育方式的基础上又有所改进，取其精华，去其糟粕，还引进了日本先进的教育方式、方法和文化，让中国传统文化与日本及西方文化进行融合，以求"中西合璧""西学中用"。

东文学社采取的是"试读制"，以淘劣录优。这对于对外文特别是日文毫无基础的王国维来说，短暂的学习并不能改变他落后差劲的现状，事实也印证了这一点。据王国维自述："馆事颇剧，无自习之暇，故半年中之进步，不如同学诸子远甚。"

即使王国维的成绩不尽如人意，但作为伯乐的罗振玉并没有因此而放弃他。王国维虽然没有取得好成绩，但他的努力与认真罗振玉都看在眼里，他始终相信王国维总有一天能够成功。

罗振玉给了他更多的机会，并全心全意去辅助他学习。王国维去东文学社学习虽然获得了汪康年的许可，但他在《时务报》的工作量并没有减少，反而加重了。他身兼数职，但工资却不尽如人意，这使得他有些心有余而力不足。

王国维在给同学许家惺的一封信中写道：

"现在弟学东文，势难间断，已成骑虎之势，馆中可谓计之得矣。弟所办事除删东文、校报外尚须写信，或代作文及复核书籍，现在除读东文三点钟外，几无暇晷，于学问丝毫无益，而所入不及一写字人，又奚为哉！"

在东文学社学习的期间，王国维跟罗振玉也慢慢熟识了，他就将他在《时务报》的情况告诉了罗振玉，与他商量对策。后来罗振玉曾多次到《时务报》报馆请求汪康年兄弟两人多多照顾王国维，但是他们非但没有关照王国维，反而还变本加厉起来，这一行为使得王国维和罗振玉颇有些为难。

王国维到东文学社的下半年即东文学社第二学期开学，罗振玉就帮助王国维离开了《时务报》报馆，并委任他为学社"庶务"，不但免其学费，还给他发薪，每月薪金三十元，比报馆所给增加了一倍多。这在当时的"文员"中属中上工薪，这不仅解决了王国维养家活口的后顾之忧，还使得王国维能够有更多的时间学习。这就是罗氏所说"拔之侪类，为赡其家"。

"戊戌"点燃的火把

王国维进入东文学社的当年初夏，发生了举世闻名的"戊戌变法"。

戊戌变法，又称百日维新，是指 1898 年 6 月 11 日至 9 月 21 日，以康有为、梁启超为主的维新派人士通过光绪帝进行倡导学习西方，提倡科学文化，改革政治、教育制度，发展农、工、商业等的政治改良运动。

"戊戌变法"在文化上主张废八股，兴西学，创办京师大学堂，设译书局，派留学生等革令新政。"废八股"正是王国维所期待的，他甚至说出了"实为数百年来一大举动"。这从王国维之前不喜八股习文，厌恶甚至放弃科举考试就可以看出来。

王国维明确地知道自己想要什么，并且一直在为自己的梦想而努力。时时关注时政的王国维写了自注"戊戌四月"的三首《杂诗》，他深刻地知道，这次变法是一个机会，是一个可以帮助他实现远大理想的机会，所以他时刻准备着。这也为他后来能够东渡日本学习埋下伏笔。

可正当他摩拳擦掌准备大干一场的时候，不幸发生了。由于长期的营养不足和日夜工作所造成的疲劳使得他的身体最终不堪重负——他得了脚疾"鹤膝风"，即中医里的结核性关节炎。刚开始他并没有太在意，以至于延误了治疗，使得病情越来越严重，到最后他不得不请假回家治疗与休养。而就在王国维休养期间，百日维新，这场从轰轰烈烈开始的变法运动，又猝尔悲壮地结束了。

戊戌变法所宣扬的是新学，反对旧派作风，这与慈禧太后为首的守旧派的思想是大大冲突的，所以遭到守旧派的强烈抵制与反对。1898年6月16日，慈禧太后迫使光绪连下三道谕旨，控制了人事任免和京津地区的军政大权，准备发动政变。之后，光绪帝被囚至中南海瀛台，维新派的康有为、梁启超分别逃往法国、日本，谭嗣同、康广仁、林旭、杨深秀、杨锐、刘光第六人被杀，历时103天的变法宣告失败。

戊戌变法失败后，王国维养病归来便一直住在罗振玉家，并且在东文学社担任庶务和做一些日文书刊的翻译工作。这时，东文学社除了开设日文课以外，还增开了英文课程，仿照日本师范学制，教授史、地和数理化各科。王国维在学习与巩固日文的同时还自学英文。

一个偶然的机会，王国维从他的辅导老师兼好友冈本的随

身文集中知道了康德、叔本华等西方哲学家并了解他们的思想
之后，便一发不可收拾地喜欢上了西方哲学。

庚子之变后，东文学社难以支撑下去，最终解散了。其实
东文学社在戊戌变法之后便有过解散危机。当时戊戌变法不善
而终，慈禧太后再次当政，凡是与戊戌变法有过联系的事物都
面临被摧毁的危机，而东文学社的上级机构《农学报》作为曾
受到光绪帝赞誉的维新会社，自然也不例外。而《农学报》之
所以能得以幸存，完全得益于罗振玉的力挽狂澜。

罗振玉不仅是一个有名的学者，还是一个非常有能力、有
担当的人，他的能力从这次的公关危机处理中就可以体现出来。
"戊戌变法"如火如荼时，罗振玉正悠然自得地在老家静养，
但是当《农学报》面临危机时，他却毅然决然地返回上海。他
投书两江总督刘坤一，请求其网开一面。而刘坤一正是慈禧太
后宠信之朝臣。在他的极力周旋下，《农学报》最终得以幸存，
东文学社也得以暂时保存。

"塞翁失马，焉知非福。"就在东文学社难以为继，被迫
解散之后，王国维又一次面临着何去何从的问题时，王国维得
到消息，杭州将开设官费"出洋考试"。

科举考试落榜之后，学子们要么继续参加科考，争取下次
高中，要么出国留学，然而像王国维这种不喜八股文，家里又
没有能力支持他出国留学的人，只好选择工作。对于出国留洋，

王国维从始至终都是向往不已的。所以，他无论如何也想要紧紧抓住这次机会，作为他的伯乐，罗振玉不但全力支持他，还亲自陪同他一起去参加考试。

不幸的是，这次出洋考试就好像是朝廷给大家画的一个大饼，"出洋"时间一拖再拖，最后活动便石沉大海、音信全无了。在老家海宁等待出洋消息的王国维得知出洋无望后，便又返回上海。此时《时务报》早已停办，东文学社也遭到解散，王国维只得找到罗振玉，在罗振玉的安排下得以在《农学报》工作，帮着翻译《农事会要》一书。

第一次尝试的失败隐隐地在王国维心里留下了遗憾，可是出国留洋的火苗并没有熄灭，反而越烧越旺。他到处打听留洋事宜，并多次与罗振玉商量，最终罗振玉决定资助王国维去日本留学。在得知自己有机会去日本留洋之后，王国维兴奋不已，当罗振玉到武昌担任湖北农务局总理兼农务学堂监督之后，他加紧进度翻译完《农事会要》，便回家静养，一心准备出洋学习的事宜。

1901年（光绪二十七年）2月9日，王国维终于登上了去日本的轮渡"博爱丸"号，踏上了他心心念念多年的出洋留学之路。

临行前，他给罗振玉写了《题友人三十小像》赠别。这是两首律诗：

（一）

劝君惜取镜中姿，三十光阴隙里驰。

四海一身原偶寄，千金三致岂前期。

论才君自轻侪辈，学道余犹半點痴。

差喜平生同一癖，宵深爱诵剑南诗。

（二）

几看昆池累劫灰，俄惊沧海又楼台。

早知世界由心造，无奈悲欢触绪来。

翁埠潮回千顷月，超山雪尽万株梅。

卜邻莫忘他年约，同醉中山酒一杯。

"千金三致岂前期"，系指三次政局大变动前后，罗氏给予他的三次资助：一是"戊戌百日维新"前夕，让他免费入读东文学社；二是戊戌"八月政变"后重返东文学社，给他发薪赡家；三是指这次"庚子之变"后罗氏出钱助他去日本留学。罗振玉的伯乐之谊让王国维心怀感恩，他庆幸自己遇到了这样一位师长愿意赏识自己并支持自己，而他也暗暗下定决心，用自己的成就来证明师长的眼光，以报答源源无尽的恩德。

世界由心造

辛丑四月二十六日（1901 年 6 月 26 日），经藤田剑峰的事先安排，王国维进入了日本东京的物理学校学习。语言与地域文化的差异给王国维的求学之路带来很多挑战。虽然他学习很勤奋，但效果却不是很好。

就在王国维在东京留学之时，孙中山从美国的檀香山来到了日本，他在日本广泛的吸取汇集各方有识之士，共同商议反清救国的大事。同时，孙中山还将推翻封建帝制，建立资产阶级民主共和国的希望寄托在年轻的下一代身上，特别是留学生身上。

当时的日本可谓是中国主流思想发起人的聚集地，还记得戊戌变法失败后潜逃的康有为等人吗？没错，此时的他们也辗转来到日本，等待机会东山再起。

1905 年 8 月 20 日，中国同盟会在日本东京成立，不久孙中山便提出了"驱除鞑虏，恢复中华，创立民国，平均地权"十六字纲领。

为什么此时的日本如此受到新学思想家们的热捧呢？

首先，日本当时是亚洲最先进的国家，离中国又近，又是资本主义国家。其次，日本当时集中了近 7 万中国留学生，他们大多受到西方新学的影响，对于中国传统的旧文化都感到不满。再加上近年来清政府无能，更让他们所不齿。他们大多是血气方刚的年轻人，朝气蓬勃，都有些"指点江山，激扬文字，粪土当年万户侯"的血气。他们乐于接受新事物，学习能力强，敢于尝试，不怕失败。这样的人正好是新学思想家们所需要的群众基础，他们需要这样的群体来做他们思想的继承者和传播者。

但王国维却尽量远离这一切的影响，因为他深知自己这次留洋机会有多么来之不易，并且自己在东京学的又是理科专业，所以他不愿介入这些政治的漩涡中，怕惹祸上身。他尽量让自己"两耳不闻窗外事，一心只读圣贤书"，万分珍惜这次学习的机会，全身心投入到学习中去。

王国维深知自己在东京求学的处境艰难，虽然对留学生们的爱国情绪与行为表示赞同，但是，内心却也不免十分担忧，他将自己在东京的所见所闻写信告诉远在上海的罗振玉，他在信中写道：

"诸生骛于血气，结党奔走，如燎方扬，不可遏止。料其将来，贤者以陨其身，不肖者以便其私。万一果发难，国是不可问矣！"

王国维高瞻远瞩,依据眼前情境,预料到如果依此发展下去,中国必定会有革命爆发的一天。王国维生活在群情激昂的留学生中,但又不能与他们为伍,生活显得格外冷清,他在日本倍感孤寂。

东京天气湿冷,早春的寒气让他难受不已。由于"昼习英文,夜至物理学校习数学",他的脚疾复发,需要用中医针灸来治疗,加之在日本饮食上不太习惯,所以王国维不得不放弃学业,返回上海休养。

总的来说,王国维在东京留学的实际时间,只有四个多月而已,回顾这段留学历程,单说他是因为脚疾复发而归国显然有些片面。

就如前文有所提到的那样,王国维从小受到中国传统八股习文教育的熏陶,按照西方教育的分科制度来说,是属于文科的,所以对于日本学校开设的理科知识,例如物理、化学等科目完全不能驾驭。他经过一番努力但学习效果依旧不佳,这对于十六岁就考中秀才,被乡里称为"海宁四才子"之首的王国维来说无疑是巨大的打击,这使得他开始质疑自己的学习能力,并且逐渐丧失了信心,所以便借着脚疾复发而逃避归国。

在王国维前往日本留洋前夕,罗振玉便受湖广总督张之洞邀请主持武昌农务学堂,接着又在上海创办了中国第一份教育专业杂志——《教育世界》。王国维从日本回国后,以养脚疾为由，在老家海宁蜗居。光绪二十七年（公元1901年），中秋佳节在即，整个世界一片欢愉的气息，王国维却无心欢度佳节。他原本计划休养好身体后继续回日本完成学业，此时看来这一计划不得不暂时搁浅了。就在王国维苦闷之际，他接到罗振玉从武昌发来的邀请，罗振玉邀请他到武昌担任农务学堂的"译授"，也就是协助外籍教员讲授农学课程。

这对于王国维来说就好比是雪中送炭。从这时候开始，王国维的事业开始迎来了春天。

收到消息后的王国维没来得及在家过中秋节，便马不停蹄地动身去了武昌。一方面是他对这份职业有所期待，另一方面是想到罗振玉总是无偿地帮助他，如今既然对方诚意邀请，他必须立刻赶到。

武昌这座历史悠久的城市是中国近代革命的发祥地，早年张之洞就在此倡导洋务运动，兴办近代军事工业与民用工业，开办新式学堂。这是一块流淌着新鲜血液的沃土，对王国维来说，这也将是他的一块新的事业圣地。

王国维自上海乘船溯江而上，两岸景观令他目不暇接，他在《昔游六首》（其五）中写道：

大江下岷峨，直走东海畔。
我行指夏口，所见多平远。

振奇始豫章，往往成壮观。

马当若连屏，石脚插江岸。

窈窕小姑山，微芒湖口县。

回首香炉峰，飞瀑挂天半。

玉龙升紫霄，头角没云汉。

昏旦变光景，阴晴殊隐现。

几时步东林，真见庐山面。

　　诗中的"夏口"指的是武汉的黄鹄山，是一座建于三国时期的古城，对岸是夏水入江口，因此被称为"夏口"。从上海到武昌，沿途风景旖旎，群山巍峨，瀑布飞流直下，山中绰约多仙子……如此美景令他心旷神怡。诗意之间也尽显王国维对于未来的向往与憧憬。

　　到了武昌，王国维发现，这座在长江雾气笼罩下的城市，平静之下却波涛暗涌。此时的罗振玉早已不同往昔，他知识面广、务实能干，已经成了张之洞的直隶下属，可随意出入总督府。他踏实肯干，细心务实，不骄不躁，鄂都督张之洞和江都督刘坤一都对他赞赏有加，甚至连沈曾植也保举他参加"经济特科"的考试，被他婉言谢绝。他致力于农学研究，编撰农学著作，同时还积极发展自己的教育事业。

　　初到武昌的王国维被好友罗振玉的热情和激情所感染，浑身也仿佛充满了力量，准备大干一场。但由于王国维之前在《时务报》报馆仅仅是一位负责文案的小职员，所以起初也没有被安排什么重大的工作，罗振玉只是要他担任武昌农学堂的"译授"，专门负责给日本学生做翻译。

在这段任职期间，根据罗振玉的提议，王国维编撰了中小学堂教材，还翻译了日本学者中村五六编撰、顿野广太郎修补的《日本地理志》和藤泽利喜太郎的《算术条目及教授法》及《法学通论》等外文书刊，而这些书刊后来都是中高等师范学堂的教育用书。

这段时间在武昌的工作生活，不仅为王国维提供了一份生活的保障，而且给了他一个相对稳定舒适的环境来自我学习与提高。

大量的阅读与接受西学的熏陶，让王国维渐渐有了自己的学术思考。后来王国维在《教育世界》上发表了一系列关于教育改革的文章，一时声名大噪，引起了上海南洋公学创办者盛宣怀的注目。当年 11 月，盛宣怀就向王国维发出了到南洋公学任教的邀请，但被王国维以事务繁忙为由婉言拒绝了。

后来又有朋友请他去上海编译书报，他依旧辞谢。在他看来无论是在罗振玉的武昌农学堂作所谓的"译授"，还是去上海作报馆的编辑，都是闲职。他内心始终放不下的是一次走出中国看世界的留学深造尝试，经过一段时间的沉淀和重新思考，这一次他将留学的方向瞄准了西洋，按照他本人的意愿，他打算先回上海，争取南洋公馆官派留学生名额。

然而，罗振玉对王国维的想法不是很赞同。他觉得如果王国维还想留学，没有必要去西洋，还是续接上次的日本之行为好，因为之前认识的藤田先生可以照顾他。

不久，罗振玉受张之洞、刘坤一的指派前往日本考察教育。王国维的留学计划又一次搁浅了，他没有听从罗振玉的建议去日本，而是去了上海，经上海回到了海宁老家。

在由上海归家途中，王国维即兴赋诗一首《杂事》：

> 侧身天地苦拘挛，姑射神人未可攀。
> 云若无心常淡淡，川若不竞岂潺潺。
> 驰怀敷水条山里，托意开元武德间。
> 终古诗人太无赖，苦求乐土向尘寰。

此时，王国维的内心已经趋于平静，经历了众多事情、已经成长起来的他不再是当初那个少不更事的少年了。王国维回到家乡海宁，与家人团聚，其乐融融地度过了一个安静祥和的春节。而此时远在日本的罗振玉，带领一行人忙碌地进行着考察工作，教育、财政、农桑……

考察结束归国后，罗振玉声望大增，有人甚至将他与日本著名的教育家福泽谕吉相提并论。他本人也是参加各种演讲，将自己的所见所闻进行汇报，还将此次赴日考察的成果编写成一本《扶桑两月记》，广为流传。同时，他还将在海宁家中的王国维约到上海共商译书的相关事宜。

在去日本考察之前，罗振玉就辞去了武昌农学堂的职务，他在出任南洋公学东文学堂的监督之余，还被张之洞委派协助办理江楚编译局事务。由于当时编译局人才欠缺，因此，罗振玉从日本回国后就急忙与王国维商议，委托他以南洋公学东文学堂"执事"的身份前往日本，聘请日文翻译人才。

壬寅年三月底（1902年5月），王国维以南洋公学日文分校"执事"的身份，再次由上海出发前往日本。第二次来到日本，王国维感慨颇多。走在曾经就读的校园里，他仿佛看到了自己当时匆匆的身影，每天忙忙碌碌却收获不大，然后又想到曾经自己放弃学业归国，结果兜了一圈，现在还是回到了这里。一种茫然的宿命感油然而生。

在日本考察中期间，王国维在寻找"译手"之余，还对日本的译作产生了兴趣，他对于日本人翻译的西方著作进行研究，感受到了西方思想的魅力所在，特别是他之前就感兴趣的哲学。

王国维在日本辗转奔波，先后去了东京与京都，进行了近两个月的考察，虽然没能为江楚编译局找到一名合适的"译手"，但他却对日本近年来翻译的西方书刊情况有了深入的了解，深刻体会到了西书翻译对日本政治经济等方面的发展所产生的重大影响。

这次日本之行，使王国维更加深切地感受到学习西方先进思想文化的重要性，这为他随后大量翻译西方教育和哲学名著提供了强劲的动力。

第三章

独上高楼——我欲乘风归去

哲学是人生的学问

王国维初次去日本，只待了四五个月便中途退学回国，而第二次去日本又是出于公务，他的留学之路走得并不顺畅。

按照如今的新学制划分标准，我们可以大致看看王国维的求学历程：

他在私塾苦读四书五经，研读史学著作，水平大致相当于十年制中学；后来在东文学堂学习英文、日文，同时去日本攻读物理，虽然没有读完，但水平相当于大专毕业。当然，这个标准用在王国维身上略有不妥，因为他所掌握的知识覆盖面极广，包括了文学、史学、哲学等方面。

既然学业无法继续下去，王国维也便不再纠结，而是运用自己已经掌握的知识作为阶梯，努力向更高层次扩展。这便是王国维所说的"独学"。

在他看来，即使是进入全国的高等学校读书，所学到的东西也不过就是普通的大众学科。而他认为"今日所最亟者，在授世界最进步之学问之大略，使知研究之方法。至于研究专门中之专门，则又毕生之事业，而不能不俟之诸卒业以后也。"
由此，"研究专门中之专门"才是王国维所真正注重的学习内容。

1902 年（光绪二十八年）7 月，王国维在日本历时一个多月的聘请翻译人士的行动失败，以空手而归的状态结束回国。这时的罗振玉已将关注重心转移到"兴办地方教育"方面。

当王国维从日本归来后，罗振玉便与他商量将他们原来的外文书刊翻译的工作重心由原来的注重翻译农学书刊转向教育方面，并且邀请王国维编译《哲学丛书》，以供在《教育世界》上发表。

对于西方哲学，王国维并不陌生，只是苦于没有机会去深入了解罢了。早在东文学社就对西方哲学"心甚喜之"的王国维，从日本留学回国时就立志要"从事于哲学"研究。

在王国维第二次东渡日本考察时，他接触到了日本所翻译的西方书籍，并且接触到了西方思想文化的影响，特别是西方哲学思想的影响，使得他对于哲学有了更深入的认识和理解，也使他更加坚定了从事于哲学研究的决心。对此，王国维曾在《三十自序》中这样记述说："自是以后，遂为独学之时代矣。体素羸弱，性复忧郁，人生之问题，日往复于吾前，自是始决从事于哲学。而此时为余读书之指导者，亦即藤田君也。"

随后，为了"独学"哲学，王国维花费了很大的代价通过各种途径，包括直接从海外邮寄购买了许多哲学书籍。诸如文特尔彭的《哲学史》、巴尔善的《哲学概论》、海甫定的《心理学》、耶芳斯的《逻辑学》和翻尔彭的《社会学》，以及他早已神往的康德之《纯理批评》与叔本华之《意志及表象之世界》，等等。

得到罗振玉的邀请以后，王国维便返回老家海宁，潜心研究西方哲学，同时，他的诸多关于哲学和教育学的译著连续刊登在已经引起学界瞩目的《教育世界》杂志上，并得到了教育界人士的普遍关注。

再次回顾王国维的学习经历，不难看出，他早年的私塾学习与大量的课外阅读为他奠定了经史文化的基础；到上海后在东文学社以及留学为他奠定了外语基础；而他毕生的学术成就，几乎全部是通过"独学"获得的。

"独学"体现了王国维一生追求学问，不断进取，博学笃行的优良学风。求学问正是需要这样的精神。这种坚持不懈的求学态度与终身学习的求学精神让王国维一步步踏踏实实地走向学术之塔的巅峰，也鼓舞了一代代学子引以为大师的典范。

正是因为长达数年的"独学"，成就了王国维不朽的学术地位，也为我们留下了宝贵的精神财富，成就了我国学贯古今，融会东西的一代大师。

王国维以孜孜不倦的求学态度埋头钻研哲学，在当时那种国家衰微，民族危亡的情形下能够静心苦读，不是常人所能做到的。尤其是哲学，在当今很多人眼中，都被看作是无用的学问，更别提乱世时期了。

王国维却不被这样的世俗眼光所干扰，他醉心于哲学研究，在哲学的海洋里尽情遨游，这一时期，他写过很多诗作来反映自己学习哲学的心路历程。例如《偶成二首》（其一）这样写道：

> 玉女粲然笑，照我读奇书。
>
> 嗟汝矜智巧，坐此还自屠。
>
> 一日战百虑，兹事与生俱。
>
> 膏明兰自烧，古语良非虚。

所谓"书中自有颜如玉，笔下自有黄金屋"，诗中所描写到自己在读书时，仿佛看到一位美丽的女子冲着自己微笑，还夸赞自己。书中的许多道理要细细体会才可明白，当豁然开朗时，便会觉得古语所讲非常有道理。

这首诗中所说的书，主要是指当时王国维沉迷的西方哲学。他从1902年开始大量购买阅读西方哲学、社会学、心理学、伦理学等著作，还包括康德、叔本华等西方著名哲学家的作品，例如康德的《纯理批判》，叔本华的《意志及表象之世界》等。

这段时间，王国维一直在海宁老家编译《哲学丛书》以及其他一些教育用书，每天守着妻儿老小，一家人其乐融融地在一起，王国维便可安心地作学术研究。

深夜，家人都已酣睡，而王国维在宁静的夜晚，点一盏油灯，细细品读每一本书籍，从康德到叔本华，从耶方斯到还甫定，从文特尔彭到巴尔善，这些西方哲学大师与翻译名家的作品总是令他沉迷其中。

寂静的夜晚，窗外一轮明月当空，繁星点点，一抬头仿佛就能看到低头浅笑的玉女，"坐此还自屠"，玉女笑着说你坐在这里还要读那些洋书，有什么用呢?

细想此话并不是没有道理，王国维家中并不宽裕，且国难当头，学习哲学确实与仕途、家庭经济无益，而且还使自己身体困乏劳累，当然，这只是王国维的自嘲而已。不久，王国维写成了他的第一篇哲学论文《哲学辨惑》，在文中他以"正名"的方式就守旧人士对哲学的误解与诟病提出了五点看法，也就是著名的"哲学五辨"：

一、哲学非有害之学；

二、哲学非无益之学；

三、中国现今研究哲学之必要；

四、哲学为中国固有之学；

五、研究西洋哲学之必要。

王国维是在叔本华的哲学观点基础上来论说的，同时还借鉴了德国哲学家巴尔善的观点。王国维认为哲学是理性的最高表现，是精神的高级存在。他提出的"哲学五辨"，是为了替哲学正名，反击那些不懂哲学却还提出谬论妄作评论的人。

这篇写于王国维研究哲学初期的论文，其中有些观点还不是太成熟，但王国维观察细致、思维敏捷的特点在其中体现了出来。同时，这篇论文还表现了王国维不惧权威的学术精神。在这篇论文发表后不久，王国维又写了一篇《论教育之宗旨》作为《哲学辨惑》的补充，文中表达了王国维的教育主张，具有时代的超前性与预见性，对近代中国教育文化产生了深远的影响。

1902 年（光绪二十八年）10 月，王国维先后接到了京师大学堂和通州师范学堂（在今江苏南通）的邀请。

京师大学堂，作为戊戌变法的"新政"成果之一，创办于 1898 年 7 月 3 日，是中国近代第一所国立大学。作为当时国家的最高学府，京师大学堂统领着全国教育。其办学方针是"中学为体，西学为用"，1901 年后，设速成、预备两科。能在京师大学堂任职，就意味着进入了当时顶尖学术交流之地，这是很多人一生都难以实现的梦。

通州师范学堂，于 1902 年开始建校，1903 年 4 月 27 日开学。由中国近代著名实业家和教育家张謇创办，是中国最早建立的师范学校之一。通州师范学校的创立，在中国近代师范教育史上占有一定的地位，如张謇所说："中国之有师范学校自光绪二十八年始，民间之自立师范学校自通州始。"

对王国维抛出橄榄枝的两所学校各有所长，通州师范学堂是地方级的学堂，而京师大学堂则赫赫有名，是全国性的，相信一般人都会选择后者。王国维面对两个截然不同的选择纠结万分，名气并非他唯一的考量之处，比起其他，他更关心自己的学术研究环境的好坏。于是王国维与父亲和好友罗振玉商量，之后决定到由张謇创办的通州师范学堂任职国文和心理学两科的教员。

关于张謇，我们对他的了解似乎一直停留在史书上那位"实业救国"的爱国企业家。其实不然。张謇于 1853 年 7 月 1 日出生在江苏省海门市长乐镇（今海门市常乐镇）。是清朝末年的科举状元。张謇似乎是为了证明自己的能力才去参加的科举考试，他在高中状元之后毅然决然地选择了放弃官途，选择兴办企业，以实业救国。在实业救国的梦想破灭以后，张謇认识到，欲雪耻救亡唯有普及国民教育，而普及教育的根本则在师范，所以他又组织开办通州师范学堂。由于他想把大量的金钱和精力都投资到通州师范学堂的创办中去，所以并没有花太多的钱去到处打点，以至于遭到了当地官员的严重阻挠。张謇在开办企业时积累了很多人脉，也认识了很多有钱有势的人，所以官办不成，他只好走民办的道路。他亲自集资开办了通州师范学堂。

不仅如此，张謇更是上海海洋大学创始人。

至于王国维为什么选择到通州师范学堂任职，而不去更具盛名的京师大学堂呢？原因大致有三：

一是，江苏通州师范学堂距离浙江海宁较近，便于王国维照料家小；二是，据担任王国维在清华国学研究院助手的赵万里所整理的《王国维年谱》中记述，王国维之所以就任通州师范学堂一职，是罗振玉应两广总督岑春煊邀请在前往广东途经南通时与正在创办该校的张謇相见而举荐之故；三是，王国维感佩状元张謇竟能够放弃虚名并冲破重重阻力自筹资金办学这一壮举，并且张謇开办通州师范学堂的目的是以教育救国。

通州师范学校在癸卯年四月初一（1903年4月27日）正式开校。王国维在罗振玉的举荐下去通州参与了办学。王国维从上海前往南通，乘船而行，经过长江口，被眼前南通狼山的美景所震撼，这一景象在《人间词甲稿》中也有出现，其中有一首《点绛唇》写道：

高峡流云，人随飞鸟穿云去。数峰著雨，相对青无语。岭上金光，岭下苍烟沍。人间曙，疏林平楚，历历来时路。

狼山数峰林立，高耸入云。船停靠在岸边，阳光透过疏林照下来，斑斑驳驳，由此处仰望，"高峡流云"山上佛寺古刹，金光闪现。

王国维如期到达通州参与办学事宜，当时，国内基本没有民办高校的先例，而且教师也很缺乏。王国维帮助张謇从头开始，招生、聘请教师、设置科目课程、准备教学设施，忙得不亦乐乎。鉴于师资资源不足的情况，张謇特意从日本请了几位教师前来，有：远藤民次郎，教授地理和数学；吉泽嘉寿之丞，教授数学和物理化学。

朱东润教授也在不久之后被请来代课。一切准备就绪后，学校正式开学。新的教学制度与秩序在众人的不断探索中向前发展，然而，在通州师范学堂任教的王国维过得并不开心，有记载提到：

"王国维在教学过程中却并不受学生们欢迎。一方面是因为王国维非科班出身，但这里的学生大多是举贡生监出身，对于非科班出身的老师甚是瞧不起，故王国维在一定程度上是不受学生们尊重的。"

他虽到日本进修过，但这对于当时聘请的日本任教老师多于中国教师的通州师范学堂来说，这显然不是王国维的优势。另一方面是，当时王国维才 26 岁，学校的很多学生觉得这位年轻的任课老师不够专业。

所谓"闻道有先后，术业有专攻"，专和攻都是需要时间的，况且还是一个非科班出身的年纪相仿的老师，难免让学生产生不信任感，因此王国维的为师之路着实充满坎坷和挑战，在各种压力之下，他在通州师范学院的教书生涯亦是岌岌可危。

有书记载，王国维在通州师范学堂任满一年之后便辞职归家。但迫使王国维离职的原因不仅仅是因为学生们的轻视和不信任，还有一个原因是，张謇选定千佛寺作师范校址，并偕同支持他的好友——陈三立亲家的新派人物范肯堂，动手砸了寺里的菩萨。张謇这个惊世骇俗的"废庙立学"之举，在王国维看来并不明智，他对此不合时宜的举动颇有微词，也正因为如此，使得张謇与王国维二人产生了嫌隙。

悲观的种子

寸寸山河寸寸金，侉离分裂力谁任？

杜鹃再拜忧天泪，精卫无穷填海心。

这首诗是 1896 年黄遵宪为了邀请梁启超到上海参与《时务报》的编辑时所写的，黄遵宪痛心于祖国美好河山被分裂，愤而呼吁有识之士像杜鹃一样忧国，像精卫一样坚持不懈，以制止国家的分裂。诗中表现了诗人立志为国献身、变法图强的决心和对梁启超的厚望。眼看中华大好河山被一点一点的蚕食分裂，任何一个有血性的中国人都会为之愤慨。变法图强刻不容缓。

1901 年（光绪二十七年）1 月 29 日，慈禧以光绪皇帝的名义，在逃难福地西安颁行"新政"诏书。这一事件被人们称为"辛丑变法"。"辛丑变法"内容涉及政治、经济、军事、外交、民生和教育等方方面面，但变革成效最明显的莫过于教育改革了。诸如全国所有书院改为学堂，各省市县务必开设高中小学堂以普及新式教育等。

由于这场变法中教育改革的直接推动者张之洞和刘坤一等都是守旧派人士，出于对新学的片面认识，让教育变革内容显得颇为不彻底，张之洞甚至还向朝廷递交《陈学务折》奏章，要求从大学堂中删除哲学这一学科。这让当时已经深谙哲学对于人生问题之重要性的王国维难以认同。

王国维的心中又涌起了当年"条驳"大学者俞樾《群经平义》时的激情，于是一气呵成撰写了《哲学辨惑》一文，对显赫权贵张之洞认为哲学是有害无用之学的观点进行了系统辩驳。

在这篇"辨惑"论文中，王国维运用逻辑推理方法从五个方面进行辩驳说："一哲学非有害之学，二哲学非无益之学，三中国现时哲学研究之必要，四哲学为中国固有之学，五研究西洋哲学之必要。"为了深入透彻地诠释以上论点，王国维根据康德"三大批判"哲学体系中的"知（理性）、情（美学）、意（伦理）"之间的关联，对教育的最终目的进行开宗明义但也很巧妙的阐释："教育学者，实不过心理学、伦理学、美学之应用……今夫人之心意，有知力，有意志，有感情。此三者之理想，曰真曰善曰美。哲学实综合此三者而论其原理者也。教育之宗旨，亦不外造就真善美之人物。故谓教育上之理想，即哲学上之理想，无不可也。"

除此之外，王国维进一步指出哲学之于教育的重要性。他说，在他所了解的西方哲学史与教育史中，身为哲学者而不是教育者的人有很多，却未曾有身为教育学者却不懂哲学的人，哲学可谓是教育学的必备要素。如果不懂哲学却妄谈教育就如同不懂物理化学而大谈工学、不懂生理与解剖却畅言医学一样，是无根之木，无水之源。王国维更是不惜用长篇大论来辨析中西哲学之间的关系，还强调了"中学"与"西学"的整体关系，也就是近代中国学者提出的"中学为本，西学为用"之辩证。这样的思想辩驳也为王国维之后的哲学学术研究做出了铺垫。

王国维在通州师范学堂义务教学的一年里，虽然不是很愉快，但也说得上是收获颇多的，他积累了一定的教学经验，了解当下中国教育现状，还写了十多首诗歌。王国维仍然以其坚定执着的求学态度潜心研究学问。就在这个时候，王国维收到了罗振玉的来信。此时的罗振玉已是两粤教育顾问了，他告诉王国维一个令人振奋的消息。

信中说到政府将要派遣留学生前往西洋、日本，不仅可以自己选择去向，而且还能享受政府出资。这对王国维来说真是天大的好消息，就连远在日本的藤田剑峰也写信告诉王国维，希望他能抓住这次难得的机会，重新到日本完成学业。

王国维兴奋异常，当初放弃学业有很多不得已的苦衷与无奈，而今，既然有机会重新留学，他的心愿也即将实现。

12月12日，学期的教学工作彻底结束后，王国维便向通州师范学校递上了辞职信，乘船前往上海，准备赴日留学的相关事宜。然而天不遂人愿，王国维刚到上海，行李就被偷走。为了追回自己的物品，他在上海整整耽误了半个多月的时间，等到他回到老家海宁时，已经将近年关了。

　　见到久未归家的王国维，王乃誉很是开心，急忙询问儿子有没有给他带一些名人书画，还阅读了王国维在通州任教的一年里所作的诗篇。王国维在家中度过了一个愉快的春节。与家人短暂的团聚是常年在外奔波的人最幸福的时刻，而且一想到自己即将前去日本求学，王国维欣喜的心情无以言表。

　　春节过后，王国维在家中耐心地等候赴日留学的通知。可是心情从满是憧憬的喜悦逐渐演变成失望。留学久久没有消息。理想的光芒在现实的磨损下一点点暗淡下来，王国维隐隐觉得这次留学的愿望可能又要落空了。

　　焦急的等待与内心的煎熬，让王国维倍感疲倦。此刻正逢春寒时期，精神上的压力又加剧了身体上的病症，不久，王国维就在风寒的侵蚀下病倒了。他只得借作诗抒发心中苦闷，例如《病中即事》写道：

　　　　滴残春雨住无期，开尽园花卧不知。
　　　　因病废书增寂寞，强颜入世苦支离。
　　　　拟随桑户游方外，未免杨朱泣路歧。

闻道南山薇蕨美，膏车径去莫迟疑。

江南的阴雨总是连绵不绝，气候阴冷使他的病久久无法痊愈。病中的自己无法像往日那般彻夜读书，他觉得荒废了许多时间。精神上的苦闷与身体的病痛交织在一起，带给王国维无尽的敏感与悲凉。

"桑户"指的是佛家僧人，"杨朱泣路歧"是《列子》中的一个故事，杨朱为歧路亡羊痛哭，心中苦闷无奈。由此，他不由得想起了"采菊东篱下，悠然见南山"的陶渊明，对他的隐居生活无比向往。

遗憾的是，此次曾经令他欣喜万分的赴日留学终究没有实现。当然，留学不成的王国维没有放弃钻研学问的志向。他又重新开始了自己的"独学"生涯，正是因为"独学"，王国维留下了震惊学界的巨作《红楼梦评论》。

王国维久病未愈，心中难免苦闷，加之留学计划的破产使他更加失落、烦恼。他手捧《红楼梦》，穿梭在大观园中，看着故事中的人物，感叹自己的人生，内心与作者一次次产生共鸣，物我神游，心灵相通，在出世与入世、现实与虚无、有我与无我中不断追寻，复杂交错的情感不断地冲击着他的内心。他提笔沾墨，将心中这种复杂而又似乎清晰的情绪写下来，包含着他对人生的看法与尘世劳苦的无奈。

辉煌巨著《红楼梦评论》由此而生。

光绪三十年（公元 1904 年），王国维接到此时已经就任江苏教育顾问的罗振玉的邀请，出任《教育世界》的真正主编。这对于从通州师范学堂辞职之后赋闲在家的王国维来说，是个难得的机会。作为《教育世界》的主编，王国维能经常在上面发表文章，虽然每一篇都意义非凡，但让他崛起的要数他此时所发表的这篇《红楼梦评论》了。

1904 年王国维在《教育世界》上发表了《红楼梦评论》，显示了王国维在"独学"中的辉煌，并给他带来了"名震中外"的巨大声誉。这是王国维早期攻究文哲的传世经典之一。

在《红楼梦评论》的写作中王国维对于原著《红楼梦》予以新的标点、校勘，重点注释和辨析，并对以往学界的一些看法提出质疑。同时他对哲学也产生新的认识和理解，越来越发现叔本华的哲学思想不足之处颇多。

在《红楼梦评论》的写作中，王国维的哲学思想和叔本华的哲学思想产生了很大的分歧。

叔本华认为："人生的根源是由于'生活之意志'，人生的主要内容是'苦痛'，是忧患。人类对于忧患尤为敏感，所以人类对于解脱的要求也最为迫切，但现在的王国维却认为："人类和一切其他生物是一个总的'生活之意志'的表现，一个人拒绝其'生活之意志'，并不等于一切生物都拒绝其'生活之意志'。"

当然思想的反叛是建立在对叔本华哲学思想充分了解与研究的基础之上的。前文有提到过，王国维在东文学社的时候与当时的外教老师关系较好，从他们那里得知了康德、叔本华等西方哲学家，并有幸拜读了他们的作品，对他们的哲学思想是极为推崇的。

之后王国维更是努力学习外语以消除阅读障碍，甚至还写了《叔本华像赞》等歌咏文章表达自己的感怀。王国维之所以对叔本华如此顶礼膜拜是因为在叔本华的哲学思想深处，他找到了共鸣，那是属于他们之间的"天才论"的共鸣。

王国维在谈到他的《人间词》时，就曾借同学樊志厚之名在《甲稿》序言中说："及读君所自为词，则诚往复幽咽，动摇人心，快而能沈，直而能曲，不屑于言词之末，而名句间出，往往度越前人。至其言近而旨远，意决而辞婉，自永叔以后，殆未有工如君者也。"

言辞间无一不展现着王国维那种极为坦率的自负。当时的他完全信服了叔本华的"人生就是悲剧"观点。而造成人生这一悲剧的根源，只有一个字——欲。而"欲"又是生活之本质，所以悲剧也将伴随人的一生。这一结论实在让王国维陷入其中不能自拔。王国维的天才情结，给他带来的悲剧情怀可以说是根深蒂固的，他一生都在以悲剧目光打量着世界，也打量着他自己。

直到《红楼梦评论》一书的写作时，他开始将叔本华的哲学观与生命体验对照，在参悟中产生了新的折射。《红楼梦评论》与其说是他哲学思想的一种实证性研究，还不如说是王国维对几年间自己生命感悟的一种总结。虽然这份总结是以《红楼梦评论》为载体，但王国维的心灵之痛和人生之悲还是表露无疑。

在《红楼梦评论》中，王国维对于贾宝玉和林黛玉的爱情进行了深度解剖，对贾氏家族的兴衰成败进行了透彻分析，这一切研究成果都令王国维沉浸其中。

也许是对于自己几十年来人生的感悟让他种下了悲观的种子，他在《红楼梦评论》描述中字字都给人以悲凉的感觉，下意识地对原著《红楼梦》里的悲凉、悲伤进行了主观的放大。

王国维认为，《红楼梦》具有至高无上的美学价值，它不同于以往大团圆的中国式小说结尾，而是顺应了艺术真谛，具有"厌世解脱"的情怀。在他眼中，除了《红楼梦》，还具有这种"厌世解脱"的悲剧情怀的当属孔尚任的《桃花扇》。王国维还将两者做过比较，他认为《红楼梦》是文学的，也是哲学的；而《桃花扇》是政治的、历史的。

孔尚任的《桃花扇》是借离合之情写兴亡之感，通过李香君、侯方域的爱情故事，以小家写大家。在《桃花扇》的最后，明崇祯皇帝在景山上吊自杀，南明小朝廷的福王也在清军的追杀中四处逃离，历经沧桑的侯方域与李香君在白云庵相聚。

原本按照中国以往的小说传统便可以结尾了，男女主人公从此幸福的生活在一起。然而，如鲁迅所言，所谓悲剧就是把有价值的东西撕碎给人看。正当侯方域和李香君沉浸在重逢的喜悦中卿卿我我时，张道士一语打破了美好的画面。他唾骂侯李二人："你看国在哪儿？家在哪儿？君在哪儿？父在哪儿？偏是这点花月情根，割他不断么？"侯方域在张道士的痛骂下如梦初醒，毅然决然地割断了与李香君的"情根"，出家修道去了。

王国维对此很是不赞同。他认为侯方域历经苦难，辗转千里才找到了令他日思夜想的李香君，仅仅因为张道士的话，便将一切放下，实在令人难以置信。而《红楼梦》则不同，贾宝玉历经了人世间的悲欢离合、爱恨情仇、家族覆灭，终而看透一切，斩断红尘出家。终究是一片白茫茫的大地，真干净。

从这里就可看出，两部作品中的主人公最后虽然都是斩断红尘，遁入空门，但其过程有着本质的区别。正如王国维所言："《桃花扇》之解脱，他律也；而《红楼梦》之解脱，自律也。"

王国维依靠自己的哲学思维，通过比较《红楼梦》与《桃花扇》，得出了《红楼梦》不仅仅是一部彻头彻尾的悲剧，而且是中国文学中无法比拟的"悲剧中的悲剧"。

他以"欲望"之说破解中西文学中的解脱精神，认为贾宝玉并不是在得知了林黛玉的死讯后才决定遁入空门的，而是在宝玉通过林黛玉"焚稿断痴情"后，整个心灵得到净化与升华，使得内心彻底从情欲与物欲中解脱出来。在王国维看来，贾宝玉的人生轨迹便是经历了由"情"发展为"憎"，贾宝玉最后出家是获得了"最后的胜利"与自我解脱。

《红楼梦评论》的发表标志着中国文学批评史的开端，是王国维数年"独学"成果的一次小的展示。

此时的王国维，也不过是二十七八岁的年纪，思维活跃，情感充沛，洋洋洒洒数万字，论及古今中外爱情故事。王国维的贡献在于，他第一次运用近代西方的文艺评论观点来评价中国古典小说的代表作品《红楼梦》，将《红楼梦》推向了世界文学之林。

当然，金无足赤，人无完人，这篇《红楼梦评论》也无可避免的有一些缺陷。运用西方文艺思想评判中国古典文学作品，这是首次尝试，难免还不是很成熟，在论述上也有一定的偏颇。为了突出且顺应西方美学观点，将悲剧放在一个崇高的位置上，王国维不免贬低了众多以"大团圆"收尾的非悲剧文学作品，例如《西厢记》《牡丹亭》等。

当然，瑕不掩瑜，《红楼梦评论》是王国维依靠自己的"独学"，在一个新旧交替、中西方文化思想碰撞的情形下作的首次尝试，虽然存在一些缺陷，但其在中国近代文学批评史上具有无可替代的地位。

恰如《红楼梦》，王国维所作的《红楼梦评论》对我国文艺批评与"红学"的发展有着巨大影响，难以估量。

战火中的学术

　　关于王国维的诗歌创作则要从他的《静庵诗稿》说起。其实，《静庵诗稿》并不是一本书，而是王国维于 1905 年（光绪三十一年）9 月出版的自己选编的《静庵文集》的别册。

　　《静庵诗稿》虽只有区区49首诗歌，只占王国维一生创作的192首诗歌中的一小部分，也不如先前的《红楼梦评论》和后来的《人间词话》那样成为中华文学宝库中的经典，但我们并不能因此而轻视甚至忽略它，因为它毕竟是王国维短暂人生中珍贵的片段记忆，它也承载着王国维太多的情感和思想发酵。

　　王国维自光绪十七年（公元 1891 年）试作《九月团脐十月尖》一诗开始，直到他于民国十六年（公元 1927 年）6 月 2 日自沉颐和园昆明湖的前一天为学生题写扇面诗为止，一生共抒写诗歌 192 首，但是诗歌创作的活跃期只集中在光绪二十九年（公元 1903 年）至光绪三十三（公元 1907 年）这几年间，而且基调基本上奠基在叔本华哲学的悲观论上，其"诗眼"似乎只有一个字——"苦"。

诸如：《杂感》中的"侧身天地苦拘挛"，《病中即事》中的"强颜入世苦支离"，《五月十五夜坐雨赋此》中的"脑中妄念苦难除"，《浣溪纱》中的"金焦在眼苦难攀"，《题梅花画筹》中的"苦忆罗浮山下住"，《杂感》中的"苦求乐土向尘寰"，《端居》中的"役役苦不平"，《游通州湖心亭》中的"人生苦局促"，《尘劳》中的"苦觉秋风欺病骨"，《平生》中的"平生苦忆挈卢敖"等，无不体现出了王国维这一时期忧生孤苦之心境。

为了使读者对王国维悲苦心境有一个比较深刻的感知，下面引录几首供细细咀嚼。

光绪二十九年（公元 1903 年），王国维应邀到通州师范学堂任教，虽然获得了一份较为丰厚的薪水，足以养家糊口。但他的内心则很是苦闷，如创作于该年夏天的《游通州湖心亭》对此就有所体现。

扁舟出西郭，言访湖中寺。

野鸟困樊笼，奋然思展翅。

入门缘亭坳，尘劳始一憩。

方悉亭午热，清风飒然至。

新荷三两翻，葭菱去无际。

> 湖光槛底明，山色尊前坠。
>
> 人生苦局促，俯仰多悲悸。
>
> 山川非吾故，纷然独相媚。
>
> 嗟尔不能言，安得同把臂。

驾一叶扁舟走出西郊，去游访传说中的湖中寺庙，就如同被长久地囚困在笼子中的野鸟，终于可以有机会展翅翱翔。进了寺院庙门之后沿着亭子边散步，直到此时在尘世中沾染的一身劳顿才得以休憩。正在愁闷到了中午亭里的暑热，忽然一阵清风飘来给人带来清爽之感。新生的荷叶在风里飒飒翻动着，岸边的芦苇在水中一望无际。栏杆下的湖光山色清明秀丽，在广博的自然面前，作者不禁感慨起生命的苦乐。人生总是苦于局促难以伸展，俯仰之间总是充满了悲伤和惊悸。纵然我与山川景色不是故交，他们却纷纷向我作出美好的姿态。只可惜这些静止的自然之物无能言语，否则一定愿意与之结交为兄弟挚友。诗中的"野鸟困樊笼""人生苦局促，俯仰多悲悸"等每一句都表达王国维不得志的苦闷心情。

正如缪钺先生评论的那样："（王国维）诗词中多抒发哲理，而能融化于幽美的形象之中，清邃渊永，耐人寻味，这是自古以来诗人所不易做到的。"

王国维后来在《静庵文集续编》的自序中说："余之于词，

虽所作尚不及百阙，然自南宋以后，除一二人外，尚未有能及余者。则平日之所自信也，虽比之五代、北宋之大词人，余愧有所不如，然此等词人，亦未始无不及余之处。"王国维的诗词中渗透着个人生命体验的独特敏感，也带有一种微妙的哲学情思。客观而论，王国维的词确实有其独到和精妙之处。

不过，王国维词的水准也是逐步提升的，他留传下来最早的一阕词，是光绪三十年（公元 1904 年）春天填的《如梦令》：

> 点滴空阶疏雨。迢递严城更鼓。
>
> 睡浅梦初成，又被东风吹去。
>
> 无据，无据。斜汉垂垂欲曙。

这首词的前两句写窗外的雨声和更鼓声令诗人无法安眠，接下来又写好不容易入眠，却被寒风吹醒，最后当诗人睡意再起，天又快亮了。整首词中，作者始终处于昏昏然的失眠状态。结合王国维当时生病，同时又在异乡任教的经历，全词曲折地描述了作者的孤独和思乡之情。当时王国维在南通通州师范学校任教，因为生病，王国维精神萎靡恍惚，故词中写春夜的情怀，有着落寂的感觉。

1905 年夏秋间，出现了两件朝野关注的大事：一是废科举，二是立学部。由袁世凯会同赵尔巽、张之洞等大员上折请求清廷明令"立停科举"与"设立学部"的奏文，均载于当年出版的《教育世界》杂志，袁世凯、赵尔巽、张之洞、周馥、岑春煊、端方联名《奏请立停科举推广学校并妥筹办法折》及《奏请设立学部并择举切要办法折》，依次刊于《教育世界》第107、109号，乙巳八月上旬、九月上旬（1905年9月、10月）。

清政府颁诏从丙午年（1906年）开始，停止乡会试，生童岁科考也停止进行。这两个"停止"，比"戊戌变法"提出"请罢弃八股""复用策论"的"改良"走得更远。

至此，终于把隋唐以来延续了一千二三百年，通过科举考试选拔官吏的制度，完全废止了。这次变革当之无愧地成为中国有史以来影响最为深远的一大变革。废除科举制度，兴新学，这一举措是变革的根本，是历史向前发展的必然之举。但是此举也存在诸多不足之处。

首先，废除科举制度虽然是打破常规之举，但是却断了寒门入仕的道路，自此，寒门学子劳苦大众再也无法在那个时代通过读书而进入上层统治阶级，使得很多饱读诗书之人并无用武之地。

其次，改革以后兴新学，学堂之内禁读经书，只令学生读教科书，一味地否定中国传统文化，盲目地崇尚西方科学文化，对于西方文学的引进也相对片面，并没有去深入了解其精髓。

最后，新学兴起之初，受到中国传统文化影响根深蒂固的中国人，却一下子要接受新学，这对于接受能力较差的人来说，是很难接受的。

对于这一现象，王国维是深刻地认识到了其不足之处，他以《教育世界》为阵地，撰写了一系论教育论文，涉及了大中小学校的学制、课程、教材等诸多方面，莫不针对着"废科举"之初出现的新问题，尤其是对那些"不知教育"却奢谈"兴学"的论者，正其淆乱，匡其谬误。

王国维在废除科举制度之初，对"兴学"中的腐败感到尤为可悲。清政府虽然下诏立即停止科举考试，督促各省催办小学堂。但那些"教育当道"者片面强调，"今日当务之急，在多立小学，而中学、大学图之小学尽立之后未为晚也"。王国维将其称之为"流行之平凡教育主义"，还就此写了《论平凡之教育主义》《静庵文集》《遗书》等作品来表达自己的看法。

而其中最能体现他"独立、自由之学术精神"的，则是编写《奏定经学科大学文学科大学章程书后》《静庵文集续编》以及《遗书》第五册，以此来批驳张之洞办学章程中所提倡的"废哲读经"思想。

1905 年 12 月 7 日，清政府正式传谕下令设立学部，荣庆补尚书，熙英补左侍郎，严修以三品京堂候补署学部右侍郎。

望尽天涯路

1904 年春，王国维为了赴日留学辞去了通州师范学院的职务，留学计划也失败了，便应罗振玉的邀请担任《教育世界》杂志的编辑。

《教育世界》杂志社坐落在上海的新马路昌寿里，是租界中最繁华、最热闹的地段。1904 年 2 月 28 日，王国维离开了海宁老家返回上海。同时还带着自己时年十八岁的幼弟王国华。王国华自幼在老家海宁的私塾里学习，此次前来上海打算考取新式学堂，但是种种原因没有如愿，转而进入了上海青年会学校。

上海青年会学校是教会开办的一所学校，主要教授洋文，学习西方近代先进的科学文化知识。王国华在兄长的建议下进入了这所学校。王国维在教育上的眼光独到，选择的学校自然是不会太差。十年之后，他的长子王浅明也进入这所学校读书。

兄弟二人在上海共同度过了元宵佳节，王国维还曾作过一首《踏莎行·元夕》：

绰约衣裳，凄迷香麝，华灯素面光交射。天公倍放月婵娟，人间解与春游冶。

乌鹊无声，鱼龙不夜，九衢忙杀闲车马。归来落月挂西窗，邻鸡四起兰釭灺。

这首词被收录在《人间词甲稿》中，词中的欢乐气氛明显，不同于以往的悲情风格。常年离家的王国维，能与家人一起度过元宵节，自然是十分开心的。

此时的王国维在学术界已享有盛名，无论是学术论文还是翻译著作都受到了广大学者的认可。王乃誉在有生之年能看到儿子王国维学业有成，名动学术界，感到十分的欣慰。

数年埋头"独学"，王国维选择的是一条鲜有人走的路，这条路注定是孤独的，也注定是艰难的，多年的沉淀造就了此时功成名就的王国维，而他依旧不骄不躁，将在未来更加夺目。

王国维接编《教育世界》不久，因罗振玉受新任江苏巡抚端方的奏荐，担任江苏师范学堂监督（校长）。作为罗振玉一生的追随者的王国维自然也跟随着罗振玉的脚步，从上海来到了苏州。当时的苏州是江苏巡抚衙门所在地。江苏师范学堂创建于 1904 年，其校址在苏城三元坊紫阳书院对面的抚标中军操场，是国内最早的官办师范院校，也是江苏的最高学府。

王国维于当年八九月间抵达苏州，正好赶上江苏师范学堂开学。因为有罗振玉的合理安排，在江苏师范学堂任职对于王国维来说，还是颇为清闲的工作。他在任职期间课时不多，主要是为学生们教授伦理学。由于王国维本身就对西方哲学和西方文化有所研究，所以他的课堂教学颇具"西洋色彩"。

因为工作清闲，王国维便有更多的时间去做他想做的事情了。这期间，他不仅集中精力译编《教育世界》杂志，还兼职若干英日文翻译工作，而他在诗词创造上也迎来了高峰。

"上有天堂，下有苏杭。"苏州古城以她独有的姿态向世人展现着她的魅力，美丽优雅，古韵独存。王国维的填词生涯，正是由此开始的。此时的王国维能够在填词上有所为，不仅是苏州城独有的气氛所致，更是他在历经几度沧桑，辗转反侧之后才有所悟的体现。

无论是《青玉案》中的"日日沧浪亭畔路"，还是《浣溪沙》中的"可怜衣带为谁宽"，还是《少年游》里的"跌宕歌词，纵横书卷，不与遣年华"，都无一不在彰显着王国维的才华与他现在的心情，那就是"望尽天涯路"。

此时的王国维虽然沉浸在苏州的神韵里悠然自得，还在填词上小有成就，但心系学问的王国维却不满足于此。对于中国当时学问上的现状，王国维担忧良多，他怀着一颗纯真的学术良心将推动中国的学术发展引以为己任。

正如他在五言诗《偶成》中写的，"东家与西舍，假得紫罗襦"。他对于当时中国"维新变法"中很多有识之士那种欲以"新学"成就其经国之伟业不敢苟同。当时的中国受到中国数千年的传统思想的熏陶，又刚刚接受新学，所以一味盲目地想着以新学救国，又或者是妄图一下子就能将中国变成像西方那样的资本主义国家，难免有些"东施效颦"之疑，那是不可取的，正所谓"一口吃不下一个胖子"，万事不可一蹴而就。

王国维认识到，当时很多人认为中国"新学"的发展就是一味地模仿西方，盲目地引进西方文化，结果忽视了传统文化对于中国发展的意义，并没有取其精华，弃其糟粕，择优录取。由此，我们不难看出王国维具有的那种超前性的思维和前瞻性的考虑。

他清楚地认识到由他主编的《教育世界》所发表的那些充满"西洋色彩"的著译，难免因为呈现了过多的西方文化而影响着中国文化的发展方向。纵然王国维有心想要做出一些改变，然而当时的时局并非他个人能够把控的。整个社会崇拜西学的风潮盛行，大批青年热衷于风靡的西方文化，如果《教育世界》不顺应潮流发展，如果发表的文章不谈谈新学，不介绍一些西方文化，就无法顺应读者的需求，也会直接危及这本刊物的命运。王国维正是认识到了以上种种因素，才在郁闷之余又无可奈何。

罗振玉曾说，王国维"少负才气，有不可一世之概"，其实不然。王国维幼年得以背负才名，虽有些得意，但更多的是他负才而不自满，比常人更加努力，在无涯学海中奋力搏击，对于一些事情更看得透，想得开。

刚开始的时候，他把重心用于八股习文，但学习传统文化之余，又对金石、绘画等课余书籍产生兴趣，在接触到西方哲学思想之后，他更是一头栽进西方哲学的海洋里。他自述"决从事于哲学"的数年间，曾四次攻读康德。后来，他又倡导"西学中用，中西合璧"等新学思想。

王国维的一生都在追求，有人说他追求的是学问，所以才在学问的道路上越走越远，终成一代学问大师；有人说他追求的是人生的境界，因为有了《人间词话》的人生三重境界中的第一重"昨夜西风凋碧树。独上高楼，望尽天涯路"的期待，才有了后来的第二重"衣带渐宽终不悔，为伊消得人憔悴"和第三重"众里寻他千百度，蓦然回首，那人却在，灯火阑珊处"；也有人说他一生如此辗转，实乃生活所迫，他所追求的就是名和利。这个说法显然是不成立的。

如果他是为了追求名利，他就不会放弃科举考试。他从小就有神童之称，后来又受到专业培养，放弃科举考试就等于放弃仕途，也等于放弃了通向统治阶层的一条捷径；如果只是为了养家糊口，那么他就不用千里迢迢去上海《时务报》任职，而会留在海宁当一名私塾老师，过着衣食无忧的平凡日子；如果他看中的是物质的丰腴，他就不会在接到乡绅邀请担任海宁学务总理时当即拒绝了，更不会放弃本可在京师大学堂名利双收的机会而选择在通州师范学堂潜心做学问了……

所谓："天下兴亡，匹夫有责"，在尝试了各种变法图强、各种变革之后的中国究竟将如何找到自己的发展出路，王国维难免有些担忧。他看到的不仅仅是个人的存在，更是上万血肉同胞的生命未来。作为国之一子，他心系国事，胸怀天下，颇有着范仲淹笔下"先天下之忧而忧，后天下之乐而乐"的崇高责任意识。

"国家不幸诗家幸，赋到沧桑句便工。"王国维也是怀着一腔报国热情的知识分子，他也曾期望着像有志先贤一样能够为国家奉献此生以"留取丹心照汗青"，而此时面对家国不幸却深感报国无路，故他对于自己的未来也找不到方向，在晏殊的《蝶恋花》一诗中他找到了情感的共鸣：

昨夜西风凋碧树，
独上高楼，
望尽天涯路。
欲寄彩笺兼尺素，
山长水阔知何处。

一句"望尽天涯路"，正是此刻王国维心情的真实写照。

第四章
风云初起——山长水阔知何处

天子脚下，相国门生

就在王国维担任《教育世界》杂志主编不久后，罗振玉在上海见到了新任江苏巡抚的端方。

托忒克·端方（1861 年～1911 年），字午桥，号陶斋，是清末大臣，喜欢赏玩金石古器，也是著名的金石学家。满洲正白旗人，官至直隶总督、北洋大臣。时年四十一岁的端方颇受慈禧太后的信任，权倾朝野。人到中年，官位至此，难免会有些目中无人，但他为谋"新政"，自然是要处处体现出爱才惜才的样子。

罗振玉混迹官场数年，结交朝廷重臣，深谙为官之道，即使他本人不慕名利，但为了自己的事业，与这些权贵打交道是无法避免的。在当时的社会环境下，想要做出一番事业，必须得有当局的允许与庇护，如若没有这些，罗振玉兴办教育、编译丛书的事业自然无法进行下去。因此，面对这位新到任的江苏巡抚大人，罗振玉有条不紊地将自己多年来的工作情况作了详尽的汇报。从主持编译农学研究著作到创办《教育世界》杂志，包括其间开办新式学堂等业绩做了一一说明。端方对此非常满意，对罗振玉也十分赏识，两人的交谈十分融洽。端方对罗振玉的才能表示非常认可，对业绩也很满意，于是当即聘任罗振玉为江苏教育顾问，并向朝廷举荐他担任江苏师范学堂监督（校长）。

在罗振玉的引荐下，王国维结识了端方，并深得端方的赏识，以至于端方逝世后，王国维还亲自为他写了悼词。罗振玉也借机邀请王国维来他即将任职的江苏师范学堂任教。

当时，苏州是江苏省的省会，王国维即将在这座城市开始新的职业生涯。有关他初到苏州时的感受，在他的《九日游留园》一诗中有所反映：

朝朝吴市踏红尘，日日萧斋兀欠伸。

到眼名园初属我，出城山色便迎人。

奇峰颇欲作人立，乔木居然阅世新。

忍放良辰等闲过，不辞归路雨沾巾。

这首诗是王国维的记游之作，诗中的"吴市"便是苏州，也被叫做"吴门"。苏州园林天下闻名，初次来到苏州，为观美景，路遇风雨也是值得的。

王国维在江苏师范学堂担任心理学、伦理学、社会学等课程的讲师，虽然科目较多，但授课任务并不重，王国维在讲课之余仍然集中精力编译《教育世界》杂志，还常常与罗振玉、藤田剑峰在一起讨论学术，取长补短。

王国维曾见过灯红酒绿的繁华大都市上海，也曾见过有着"三秋桂子，十里荷花"的杭州，每一座城市都有其特有的风味，而苏州，这座清雅古朴的城市令王国维有一种远离尘嚣的宁静。

1905 年（光绪三十一年）9 月，朝廷废除科举制后开始筹备成立专门管理全国教育文化事业的新机构——学部，并于 12 月 7 日正式传谕设学部，任荣庆补尚书，熙英补左侍郎，严修以三品京堂候补署学部右侍郎。

王国维原本在江苏师范学堂任职，但因为罗振玉陷入"兴学"中的人事纷争，于 1905 年底，愤然辞去了江苏师范学堂监督之职，属于罗振玉一派的王国维自然也追随其脚步离开江苏。

1906 年春，王国维接到了已就任学部参事厅行走（后为"参事官"）的罗振玉"电召"，进京谋职。这是王国维第一次来到紫禁城。海宁于京城来说，简直就是小巫见大巫。京城的繁华远远超乎了王国维的想象。来到这个集经济、政治、文化于一体的中心城市，他的心情无比复杂。

首先，南北方气候差异非常大，无论是从身体上还是从心理上，从小就生活在江南水乡的王国维极不适应北国那尘土飞扬、黄沙满天、天干物燥的环境。刚到京城，王国维就因为水土不服身体出现不适，所幸没有对他的生活和工作造成太大的困扰。

其二，京城作为全国的政治中心，以其海纳百川的胸怀吸引着济济人才，聚集着众多想要在天子脚下一显风骚的能人墨客，王国维想要在这样的地方有所成就，脱颖而出，显然必须要有过硬的本事。

其三，王国维在任职江苏师范学堂期间，深受苏州慢节奏生活的影响，而忽然来到竞争激烈与生活节奏快速的京城，他感到颇有些不适。这从王国维入京所作的第一首词《浣溪沙》就可以看出：

七月西风动地吹，黄埃和叶满城飞。征人一日换缁衣。
金马岂真堪避世？海鸥应是未忘机。故人今有问归期。

"金马"典故出自《史记·滑稽列传》中东方朔避世金马门，进入汉武帝内廷做官的故事。王国维跟随罗振玉进入学部，无法适应官场的明争暗斗尔虞我诈，十分苦闷。

这首词中的"风吹地动""黄埃"虽然有些夸张的表达，但却生动而形象地描绘出了京城的天气状态。从"问归期"可以看出，王国维其实并不向往这种大城市的生活，这也表达出他对于自己在这样的大城市里难以有所作为，觉得距离自己衣锦还乡的日子遥遥无期，故而对未来感到悲观和迷茫的情绪。

初入京城的王国维过得并不如意，在人才济济的京城里他并不出众；在人才齐聚的学部，非科班出身的经历一直是他的短板。虽然当时已经废除了科举制度，但是时间短短，社会对于一个人能力的认知依然主要通过科举名次来体现。当时在学部任职的都是当年通过科举考试走入仕途之人，王国维很难脱颖而出，不但始终没有得到重用，甚至还有些举步维艰。他想要在这样的地方立足，需要经过长时间的磨炼和考验。郁郁不得志的情绪严重打击了王国维的积极性，他心情沉重，郁郁寡欢。

在事业上不顺的时候，王国维的家庭也突然遭到了变故。王国维入京那年七月，接到了父亲王乃誉病故的消息。一直以来在自己的成长中扮演着重要角色的父亲忽然溘然长逝，给王国维带来了很大打击。接到噩耗的王国维悲痛欲绝，久久地无法从这种情绪中走出来。他悲痛地写下了《先太学君行状》，记录了父亲一生的事迹。

王国维的才学虽然在京城没有得到认同，但在家乡却得到了充分的肯定。他曾经出国留洋，并辗转在多个学校或教育部门任职，这样的经历在海宁这座小城市鲜有人能及。在海宁他就名声大噪。所以，在家奔丧期间王国维收到了当地乡绅发出的出任海宁"学务总董"的邀请，希望他能主持全县学务。

从现实层面来看，这份工作对于王国维来说是个不错的选择，既可以就近照顾家人，又不用回到举步维艰的京城，继续过不得志的苦闷生活。但也许是心高志远，不拘泥于现状，又或许是感念罗振玉的知遇之恩，即使他在京城并不被重用，王国维还是婉拒了这份不错的差事。

1907 年春，王国维料理好父亲的后事后返京。在罗振玉的帮助下，王国维得以转任学部图书编译局编译，不久之后又被委任为由严复任总纂的"编定名词馆"协修，总算是得到了一个比较实际的职务。

在这里不得不提的一个人就是学部尚书荣庆。荣庆于 1859 年生于重庆，字华卿，号实夫，鄂卓尔氏，蒙古正黄旗人，为人"持躬谨慎"，稳健随和。荣庆凭借科举中的优异成绩进入官场，现任学部尚书，曾任刑部尚书、户部尚书、礼部尚书，后来成为西太后面前的宠臣，是个相当了不起的人物。

王国维之所以得在学部任实职，主要是因为罗振玉向荣庆力荐。荣庆对于罗振玉的才学和为人处世非常欣赏，所以他"奏调"罗氏入学部做官，他对于罗振玉引荐貌不惊人却才学出众的王国维也颇为赏识。

没过多久，王国维就被荣庆收为"门生"。王国维虽然对于自己的现状不太满意，但是心怀傲骨的他绝不是趋炎附势的人。他之所以答应做荣庆的门生，一方面是出于对这位学部尚书的崇敬，另一方面也是出于对罗振玉引荐之恩的感谢。罗振玉对于王国维来说亦师亦友，对王国维有知遇之恩。

这一次的门生之谊给王国维在事业上带来了转变，不过做了"相国门生"的王国维不仅没有仗势而倨傲，反而更加勤恳，在学部工作努力，在学术研究上也更加上心，一路顺风顺水，日子颇为自在。

在"人间"

　　亲人的相继离世令王国维的生活发生了很大的变化，他在悲恸中不断地思考人生，试图通过学习新知来使自己忘记这些痛苦。

　　《毛诗序》中曾说："诗者，志之所之也，在心为志，发言为诗。情动于中而成于言，言之不足故嗟叹之。"此时的王国维正处于这种境况，他需要借外力来疏散心中的愁闷，以达到一种精神上的解脱。如果说此前在苏州时他填词是为了娱乐，那此时便真的是写尽了沧桑炎凉。

　　从苏州到北京的这两年间，即光绪三十二年（公元1906年）至光绪三十四年（公元1908年），王国维相继编写了两部词集，即《人间词甲稿》和《人间词乙稿》，并陆续发表在《教育世界》上，合称《人间词话》。两部词集卷首都有序文，是托名为"山阴樊志厚"所作的《人间词甲稿序》和《人间词乙稿序》。

　　《人间词》共收词104首，其中甲稿收词61首，时间截止于1906年5月；乙稿收词43首，时间截止于1907年10月。

《人间词甲稿》是续接《静庵诗稿》的作品，其中词作可当作"本事"来读。《人间词乙稿》中的词作反映的是王国维离开苏州、进京在学部任职后的生活动态与思想变化。

自古以来，人们的创作多有借鉴先贤之作，王国维的《人间词话》作为一本填词之作，句式多是模仿中国古代的诗人、词人所作，但却不是谁的诗词都能入了他的眼的。他的个人审美情趣和独特品味都蕴藏在所选取的诗词中。正如他自己所言："唐五代之词，有句而无篇。南宋名家之词，有篇而无句。有篇有句，唯李后主降宋后诸作，及永叔、子瞻、少游、美成、稼轩数人而已。"《人间词话》多是按照他所欣赏的作者的诗词而进行填词的。

《人间词话》是一本填词集合，以"小令"为主，大多采用的是《蝶恋花》和《浣溪纱》的词牌。这是王国维在接受了西洋美学思想的洗礼后，以崭新的眼光对中国旧文学所作的评论。他表面上是借助中国古代诗词的运笔方式，实际上将一些新的观念、新的方法融入传统的词话形式和传统的概念、术语、思维之中，总结出了具有普遍意义的理论问题。

1908 年（光绪三十四年）11 月，王国维选了 64 则词话手稿本，并且分三期连载在《国粹学报》上。这 64 则词话都采用的是中国传统的词话方式来运笔，其中不但对词学理论中的"境界说"进行阐述，而且还以时代为脉络通过对历代词家之作的解析，对如何创造"境界"以展示诗词魅力进行分析，最后通过对历代文学体式演进过程进行解析，作为词学理论中"境界说"的补充和延伸。

王国维认为："词以境界为最上。有境界则自成高格，自有名句。五代北宋之词所以独绝者在此。"王国维所追求的意境并不是简简单单的一种文学和学问的境界，更是强调了一种精神高度和价值情怀的统一性。他的境界之说开辟了中国古典诗学赏析的新高度，将文学与哲学以颇具意味的方式结合在一起，成为后世影响深远的价值体系。

《人间词话》中有云："然沧浪所谓兴趣，阮亭所谓神韵，犹不过道其面目，不若鄙人拈出'境界'二字为探其本也。"词中词人所想要表达的神韵来源于对生命的感悟，这也正是它的"词魂"所在。

除此之外，《人间词话》极为推崇"赤子之心"，不同于西方哲学家叔本华所推崇的"赤子之心"，王国维认为："词人者，不失其赤子之心者也。故生于深宫之中，长于妇人之手，是后主为人君所短处，亦即为词人所长处。。"所谓的"赤子之心"便是王国维说的"境界"的灵魂，此外，王国维则强调感情在境界中的重要作用，即"能写真景物，真感情，谓之有境界"。

《人间词话》中论及词人所追求的境界大约有三种：

第一种，"昨夜西风凋碧树，独上高楼，望尽天涯路。"第二种，"衣带渐宽终不悔，为伊消得人憔悴。"第三种，"众里寻他千百度，蓦然回首，那人正在，灯火阑珊处。"这三种境界是王国维对"古今成大业者"必须要达成的境界。

"昨夜西风凋碧树，独上高楼，望尽天涯路"此乃第一重境界。此句出自宋代晏殊所作的词《蝶恋花·槛菊愁烟兰泣露》，在萧索之景与孤独之人几乎言尽的情况下，诗人忽而笔锋一转，在登高之后展现出一派开阔辽远的意境。这也正是王国维追求的，不管是为自己，还是为民族，他都需要登高望远，不断攀登新的发展高度。

"衣带渐宽终不悔，为伊消得人憔悴"乃第二重境界，选自宋代柳咏的《蝶恋花》。词中满怀春愁挥之不去，而词人不仅不想摆脱，而且宁愿与这春愁纠葛，因为他甘愿等待着痛苦折磨之后的柳暗花明。这是王国维在漫长而崎岖的学术探索之路上的慰藉，这需要的是身体磨难和对心志的锤炼。

第三重境界是取自宋代辛弃疾的《青玉案》中的"众里寻他千百度，蓦然回首，那人正在，灯火阑珊处。"有时候你茫然无助而又毫无头绪地费心寻找着，可是始终一无所获，及至有一天在不断的积累中忽然遇到一个偶然契机，曾经所有的量变都变成了现今质变的铺垫，这才豁然开朗地发现，一直以来的追求之物，或许就在不远处等待。但如果没有千百度的寻找与搜索，又怎么会有豁然开朗的感悟呢?

人们在《人间词话》还读到了一种"无我"的境界。所谓无我之境在词话中具体描述为"采菊东篱下，悠然见南山""寒波澹澹起，白鸟悠悠下"。也就是说，"无我之境"已经达到了一种意境两忘、物我一体的程度了。境界所要求的正与以形象反映现实的艺术规律相通，明确地揭示出艺术境界内在的特殊矛盾。

王国维在创作《人间词话》的时候，正沉浸在叔本华的哲学海洋里不能自拔，因此，很多学者都认为王国维的"无我之境"源于叔本华哲学体系中的相关论述。

王国维根据其文艺观，把艺术境界划分为三种基本形态："上焉者，意与境浑；其次，或以境胜；或以意胜。"这三种境界，简单总结，就是客观环境与主观意识的关系。

关于王国维《人间词话》名字的由来，罗振玉的胞弟罗振常曾回忆说："时人间方究哲学，静观人生哀乐，感慨系之，而《甲稿》词中'人间'字凡十余见，故以名其词。"从罗振常的话中我们不难看出，王国维的《人间词话》之所以以此命名，最大的原因是他的词话中"人间"二字出现的频率最高，这样理解似乎过于随意，但又毫无违和之感。

还有一个原因就是，王国维认为，自己的词就是立足于人间的，"人间"一词已经成为他词人生涯的一个重要标志，所以他不仅给自己的词命名为《人间词》，还在自己的号上也加了一个"人间"。王国维在他的《人间词》中反复吟咏的"人间滋味""人间纷浊""人间孤愤"想来也是出于他的"人间思量"了。

何必徒伤悲

　　1906 年,就在王国维即将迎来在北国的第一个秋天的时候,他收到了来自浙江海宁父亲王乃誉病故的噩耗。

　　王国维匆匆返家,却只看到了父亲冷冰冰的躯体。时隔半年再相见已是这番光景,让王国维不禁泪满衣襟。他想到了那个自己每次离家追寻梦想,虽然依依不舍但又每次都送自己到码头的父亲;想到了那个虽然很期待自己能高中状元,能在朝为官、为国效力,能够光宗耀祖,但在得知自己放弃科举之路时却又想方设法为自己另谋出路的父亲;想到了那个不管在自己生活中,还是工作上有任何困难时都给予自己安慰和出谋划策的父亲。以往的种种片段此刻纷纷涌上心头,他感到"父亲"二字的分量从未像此刻这样沉重。

　　父亲王乃誉一生都对王国维寄予厚望,但他还没有来得及看到王国维真正出人头地就抱憾而终。为了让父亲的在天之灵能够得到慰藉,王国维只得强忍悲痛打起精神。1907 年春,料理好父亲的后事他便返回京城。

第二次来到京城的王国维，因为罗振玉的力荐得以在学部出任实职。但半个月后，海宁又一次传来噩耗：王国维的妻子莫氏因生产双胞胎女儿而染上"产褥症"，病情万分凶险。

莫氏出身于春富庵一个乡镇的商人之家。莫氏温柔贤惠，对上孝顺长辈，将王国维的父母照顾得无微不至；对下抚养孩子，为王国维生儿育女，将家务打理得井井有条，为远方的丈夫解除后顾之忧。自 1896 年冬夫妻二人喜结连理之后，琴瑟和谐，感情甚笃。

得知妻子病重的消息，王国维不得不放下手中的活计，日夜兼程赶回老家。千里迢迢赶回来的王国维看到躺在床上奄奄一息的妻子，不禁红了眼眶。对于妻子，他十分愧疚，常年奔波在外的他对妻子的关心甚少，没有尽过一天做丈夫的责任，当初一个娇美年轻的好姑娘，自从嫁给了他便没过过一天舒适的日子，日日操心，而今却落得如此悲凉的境地，王国维越想越痛心疾首。

王国维请来名医为妻子医治，但依旧于事无补，莫氏还是在十几天后离开了人世，离世时年仅 34 岁。

十年生死两茫茫，不思量，自难忘。千里孤坟，无处话凄凉。纵使相逢应不识，尘满面，鬓如霜。

夜来幽梦忽还乡，小轩窗，正梳妆。相顾无言，惟有泪千行。

料得年年肠断处，明月夜，短松冈。

　　望着亡妻的旧物，王国维忽然想起苏轼曾经写下的那首悼念亡妻之作《江城子·乙卯正月二十日夜记梦》，他不禁泪如雨下。王国维在经历丧父之痛后又突然失去相守数年的爱妻，心中悲痛，回顾往事，已是"曾经沧海难为水，除却巫山不是云"。

　　结发妻子莫氏的离世对于王国维的打击甚大，但他却不允许自己倒下，因为他还有三个年幼的孩子，还有年迈的继母需要去照顾。为了家中的生计，王国维在料理完莫氏的丧事后，将孩子托付给他们的祖母叶太夫人，自己孤身返回京城。

　　这时的王国维已经到了"而立"之年。都说男人三十而立，可是这时的王国维连失两位至亲，事业上也并非一帆风顺，他不免感叹命运于他何其不公！

　　时值北国深秋，秋风秋雨愁煞人。古代诗人多因为秋天的萧条悲凉而深思感慨，将自己的思想感情都寄托在文字中。

　　辛弃疾感慨"欲说还休，却道天凉好个秋"；南唐后主李煜说："春花秋月何时了，往事知多少"；刘禹锡在《秋词·其一》中也有"自古逢秋悲寂寥，我言秋日胜春朝"的慨叹。

　　王国维也是如此，在这个萧瑟的秋天，一切伤心事都涌上他的心头，父亲和妻子的离世，自己工作上的不得志，仿佛压得他喘不过气来。他总是不停地回想着自己过往的人生，不由概括为"命运多舛"四个字。年轻时不知天高地厚，遂于"天才"自负，后来初有所悟，却又无所为，为此，他撰成《三十自序》。

可上天又一次和王国维开了玩笑。1908 年 1 月 23 日，王国维的继母叶夫人去世，于是，王国维又马不停蹄地往家赶，连春节都只在路上凑合了。正月初二，王国维才到家，看着年幼的三个孩子和一樽黑黢黢的棺椁，王国维不由得有一种"欲语泪先流"的悲伤。

但是作为一家之主，王国维还得振作起来，养育儿女的重任还需要他去承担，继母的后事还需要他去料理。

在这接二连三的打击中，王家终于迎来了一件值得开心的事情。那就是，王国维为了三个年幼的孩子，听从岳母的安排娶了潘氏续弦。

潘氏是王国维的结发妻子莫氏在弥留之际和母亲一同为他选定的女子，她心地善良，为人大度，温柔贤惠，正是处于悲恸之中的王国维所需要的，既可以照顾自己，又能照顾三个幼子。潘氏的嫁入，终于给这一年来丧事不断的王家带来了一丝喜庆，给沉浸在悲伤中王国维带来了希望。

初春四月，王国维携全家老小抵达北京，租住在距离罗振玉家不远宣武门内新帘子胡同的一座清净的小四合院里。宅子虽然有些小，有些旧，但是好在环境清静温馨，一家人住在一起其乐融融。

一切都在往好的方向发展，一切不幸都会慢慢过去。成大事者，必多有磨难。孟子说："故天将降大任于斯人也，必先苦其心志，劳其筋骨，饿其体肤，空乏其身，行拂乱其所为，所以动心忍性，曾益其所不能。"王国维经受了身体和心理的双重打击，经过各种磨难的洗礼，才成就了后来的成功。

手稿与手定

王国维所作的《人间词话》有两个文本："手稿本"与"手定本"。

"手稿本"，顾名思义就是王国维亲手写的稿本，即《人间词话》原稿。在原稿的页边上，王国维当时便用毛笔标下了"光绪年月日养正书塾劄记簿"字样。

王国维的弟弟王国华在私塾读书时，曾经将王国维的《人间词话》带到学堂，让同学们一同鉴赏。据王国华的同学马叙伦回忆，在王国维的《人间词话》手稿上出现了多处删减、字迹不一致的地方，不难看出王国维对原稿是有修改的，而且修改了很多次，也就是说，王国维在创作《人间词话》时并不是一蹴而就的，而是经过了长时间的创作和修改才得来的。

至于王国维《人间词话》手稿本的写作时间，直到今天，依然说法不一。有的认为应当写于1908年春夏，理由是他的《唐五代二十一家词辑》大部分选辑于光绪戊申（1908年）之夏，但是《唐五代二十一家词辑》乃是王国维于1908年夏撰《词录》，与《人间词话》并无多大关系；还有的据《国粹学报》初刊这部词话的时间而推断其写作当在 1908 年以前，而《国粹学报》连载的词话第六十三则"论元人马东篱（致远）《天净沙》小令"，则是手稿所无而于发表前补写的。

另外还有一种观点颇为真实，那就是《人间词话》的写作是从 1906 年 12 月发表于《教育世界》上的《文学小言》开始的，写作的时间下限，应在 1908 年底《国粹学报》发表之前。

"手定本"则要从 1908 末至 1909 年初，邓实主编的上海《国粹学报》连载的《人间词话》六十四则说起。《人间词话》六十四则依次在《国粹学报》刊载，也是《人间词话》问世的开头。此后尽管又刊行了不同版本的《人间词话》，但《国粹学报》上刊载的六十四则《人间词话》一直是后人研究探索的最基本文本，是其始祖之本。

1926 年 2 月，朴社出版社出版的《人间词话》，是王国维亲自审定的第一个单行本。但这时《人间词话》的手稿已经荡然无存了，连王国维本人都忘记了它的去向。伴随着《人间词话》在学界的出版，进入清华研究院担任导师的王国维开始进入人们的讨论视野。

"五四"新文化大潮过后兴起了一阵轰轰烈烈的"国学热"，古典文化与外国文化在博弈中共同发展，左右着中国新文化的建设。而俞平伯于 1926 年 2 月 4 日写的《重印人间词话序》，极为推崇这部词话，是最早对《人间词话》进行学术定位的评论，对发掘出王国维笔下深厚的思想神韵、让《人间词话》经典化发挥了重要作用。自此之后，各家的"笺注""讲疏""校注"纷起，而《人间词话》的版本亦愈来愈多。最后王幼安校订之《人间词话》与况周颐《蕙风词话》合为一册，成为收录最为完备、校注最为精审，也是得到学界认同的《人间词话》校注本，世称《人间词话》"通行本"。

进入 20 世纪 80 年代，尘封七十多年的《人间词话》手稿整理出版。

那么"手稿本"与"手定本"又有什么区别呢？

从编写的重心上看，"手稿本"的重心在于王国维词中所要表达的是他所追求的意境，即"词以境界为最上"；"手定本"则是经过后期加工编辑而成的，虽然并没有改变王国维作《人间词话》的初衷，却免不了转移重心，将编为第一则，即"论词标举境界"。

从内容上看，《人间词话》一共有一百二十六则，"手定本"的开端之作即发表于《国粹学报》上的六十四则，乃次于"手稿本"之三十一，即手稿前三十则当写于 1907 年春夏之间，大致与《人间词乙稿序》及《三十自序》同期，而论"境界"乃起自手稿三十一则，表明了《人间词话》的主体论说，整部词话的四分之三以上写于 1907 年秋冬至 1908 年夏秋。

第五章
笔驰万象——众里寻他千百度

花陨落，蝶恋空

词牌《蝶恋花》一开始是出自唐教坊曲，原来叫做《鹊踏枝》，后由宋代著名词人晏殊作词才改名为《蝶恋花》，之后便被无数作词人所用。《蝶恋花》多用来抒发词人心中的多愁善感和缠绵悱恻之情，少数虽写的是山水，却也是寄情于物的表现。自宋代以来，产生了不少以《蝶恋花》为词牌的优美词章，像后主李煜、宋代柳永、苏轼、晏殊等人的《蝶恋花》，都是经久不衰的绝唱。

比如晏殊的《蝶恋花》：

槛菊愁烟兰泣露，罗幕轻寒，燕子双飞去。明月不谙离恨苦，斜光到晓穿朱户。

昨夜西风凋碧树，独上高楼，望尽天涯路。欲寄彩笺兼尺素，山长水阔知何处！

这首词，晏殊采用的是移情于景的写作方法。此时的词人多愁善感,他看着围栏里的菊花上笼罩着些许薄雾,就显得心情压抑,沾着露水的兰花又仿佛在哭泣,连月亮也显得格外冷清。

景既萧索,人又孤独,本该是惆怅,但作者的下一句"独上高楼,望尽天涯路"给此词来了个大转折,虽然有凭高望远的苍茫之感,但这所向空阔、毫无窒碍的境界却又给主人公一种精神上的满足。

作者在词中,将"山长水阔"与"望尽天涯路"结合起来,展示了一种令人向往的境界。联系现实,作者又生出一种"满目山河空念远"的悲慨,所以最后整首词在渺茫无着落的怅惘中结束。

本词中"昨夜西风凋碧树,独上高楼,望尽天涯路"这三句尽管包含望而不见的伤离意绪,但感情是悲壮的,没有丝毫纤柔颓靡的气息,因此成为了流传千古的佳句,王国维更是把此词中的这三句作为他的填词《人间词话》三重境界中的一重。王国维作过很多词都以《蝶恋花》为词牌名,这里只举出其中三首来细细品读。这三首虽然词牌名相同,而表达内容和表达意境却各有特色,迥然不同。

第一首《蝶恋花》作于王国维初入京城时,当时他寄居在好友罗振玉家中,在罗家对面有个"老虎灶",是专门提供热水的地方。因为有一个翘起的"尾巴"和灶头形似老虎而得名。店主是旗人,有个女儿十五六岁,正是花儿般的美好年纪。她身穿紫色长裙，喜欢露了双天足，长得颇有几分姿色，还与常去"老虎灶"打水的罗家男仆好上了。有一天，王国维跟着罗家男仆去了老虎灶，店主刘季英正跟王国维聊得很欢，眼看着女儿迎面而来便即兴口吟了两句"窈窕燕姬年十五，惯曳长裙，不作纤纤步"，然后笑着请王国维续成一词。王国维欣然命笔，写成了这首《蝶恋花》：

窈窕燕姬年十五。惯曳长裙，不作纤纤步。众里嫣然通一顾，人间颜色如尘土。

一树亭亭花乍吐。除却天然，欲赠浑无语。当面吴娘夸善舞，可怜总被腰肢误。

这首词后来被王国维编入了他的填词集《人间词话甲稿》，词中的"除却天然，欲赠浑无语"正是王国维所赞赏的美学趣味，那便是追求天然的情致，反对人为的雕饰，总的来说就是"自然真切"。词中还用刘氏的"不作纤纤步"与江南吴娘的"总被腰肢误"形成强烈对比，更加突出王国维追求真与自然的美学境界。

还有一首《蝶恋花》是王国维在结发妻子莫氏逝去之后、心情悲伤之时所作的，整首词的旨意可以归纳为六个字"花陨落，蝶恋空"。这里的花暗指的是莫氏，莫氏去世时才三十几岁，正是花样年华；这里的蝶则比喻王国维自己，以蝶恋空之情表达自己对亡妻的深切思恋。

冉冉蘅皋春又暮。千里生还，一诀成终古。自是精魂先魄去，凄凉病榻无多语。

往事悠悠容细数。见说来生，只恐来生误。纵使兹盟终不负，那时能记今生否？

王国维与妻子莫氏的结合虽然是遵循传统的"父母之命，媒妁之言"，但是二人婚后琴瑟和谐，感情甚笃。温柔贤惠的莫氏深得王国维的心，并为王国维先后生育过六个孩子，不幸的是头一胎夭折了，而临终前产下的这对双胞胎也没有存活下来。词中王国维用一句"冉冉蘅皋春又暮。千里生还，一诀成终古"写出了他在暮春时节与已经怀有身孕的妻子依依惜别，北上谋生，但却不知道这一别竟成了永诀的伤痛之情。离开时妻子明明还好好的，站在码头，一只手抚摸着凸起的肚子，一只手则悄悄擦着眼泪，幸福又难过地送丈夫离开，没想到，仅隔数月，竟是这般光景。悲伤之余，王国维不知道是为了安慰自己，还是希望逝者安息，作了"纵使兹盟终不负，那时能记今生否"这两句词，深刻地表现了王国维和妻子的深厚感情，今生缘分太浅，只能与妻子相约来生再续前缘。

　　但不幸没有就此打住。就在王国维料理好妻子的后事返京不久，又传来了其继母叶夫人过世的消息。一两年间，王国维遭受了父亲、妻子、继母三人离世的三重打击，原本热热闹闹的王宅转眼物是人非。

　　王国维的第三首《蝶恋花》作于他在哲学世界里迷茫之时。他说："余疲于哲学有日矣。哲学上之说，大都可爱者不可信，可信者不可爱。余知真理而余又爱其谬误。"由于谈哲学者太多，对于哲学里的真理和谬误，王国维在理解上开始疑惑。可以说他在哲学上遇到了"瓶颈期"，又或者说"疲倦期"，这时王国维就想将注意力转移到文学上去，这首《蝶恋花》便生动地表明了他的心迹：

　　黯淡灯花开又落。此夜云踪，究向谁边着？频弄玉钗思旧约，知君未忍浑抛却。

　　妾意苦专君苦博。君似朝阳，妾似倾阳藿。但与百花相斗作，君恩妾命原非薄。

　　词中对于作者的心情和处境作了明确而形象的描述，也间接地表达了词人想要转移阵地和发展方向的心情。

戏曲新境界

　　很多人误认为，王国维是在由哲而文、由西转中的学术转向中"志于戏曲"的，其实不然。在更早的时候王国维对于戏曲就有了兴趣，并出了相关作品。

　　中国的戏曲艺术形式应该是源于原始社会的歌舞，发展到南宋，宋杂剧成为中国最早的戏曲艺术形式。

　　我国最原始的社会歌舞记载见于《尚书·舜典》："帝曰：夔，命汝典乐……夔曰：于，予击石附石，百兽率舞。"所谓百兽率舞，并不是像后来儒家所神秘化的那样，而是说当时圣人在世，连百兽都来朝拜舞蹈了。那种舞是用石相击或用手击石来打出节奏的，那时连鼓也没有，可见是非常原始的。而后经过了《诗经》中的"颂"、《楚辞》中的九歌、百戏、踏摇娘等萌芽状态的戏剧形式后，到唐朝时期，逐渐趋于成熟。

　　宋代的杂剧、话本、诸宫调都为后来元代戏剧繁荣时期奠定了坚实的基础。元杂剧是在民间戏曲肥沃土壤之上产生的，继承和发展了前代各种文学艺术的成就，并且在教坊、行院、伶人、乐师及"书会"等众多人才的共同努力之下，改进和创造出来的综合性舞台艺术。

元代是我国戏剧发展史上的高峰，虽然只有短短的几十年，但涌现出了一大批优秀的剧作家和戏剧作品，保留到现在的就有一百五十多部。这些作品全面而深刻地反映了元代社会生活的面貌，其中不乏大量的优秀作品，已成为我国珍贵的文化遗产。

如著名戏剧家关汉卿的《窦娥冤》，通过描写一个善良贤惠的童养媳窦娥一生的悲惨遭遇，反映了在黑暗的封建社会里，贫苦劳动人民的悲惨境遇，从而深刻地揭露了元朝社会的黑暗现实，歌颂了广大被压迫者感天动地的坚强意志和宁死不屈的反抗精神。

再如马致远的《汉宫秋》，借助昭君出塞的历史题材，通过描写汉宫美人王昭君为了国家和平而远嫁匈奴的故事表现了昭君巾帼不让须眉的气度，同时也对当时的统治者给予了辛辣的嘲讽："和平若由将军定，何须红颜苦边疆？"

王实甫的《西厢记》描写了封建社会青年男女争取婚姻自由的故事。从"惊艳""联吟"到"赖婚"，充分表现了崔莺莺对爱情的渴望。由于她出身名门望族，从小便受到封建礼教的熏陶和束缚，因此，又有"闹简""赖简"等曲折和反复。在"听琴""佳期""长亭"这几折戏中她终于走上了叛逆的道路，为作品增添了浓厚的喜剧色彩。

明代是传统戏剧发展的繁荣时期。戏曲到了明代,以传奇的形式发展起来了。明代传奇的前身是宋元时代的南戏。明代中期,传奇戏剧作家和剧本大量涌现,其中成就最大的是汤显祖。

汤显祖一生写了许多传奇剧本,《牡丹亭》是他的代表作。作品通过杜丽娘和柳梦梅死生离合的故事,歌颂了反对封建礼教、追求爱情幸福、要求个性解放的反抗精神。作者提出"至情说", "情不知所起,一往而深"不知鼓舞了多少青年男女奔向爱情的国度。同时,汤显祖还给爱情赋予了起死回生的力量,它战胜了封建礼教的束缚,取得了最后胜利。

这一点在当时封建伦理纲常还根深蒂固的社会中掀起了一场轩然大波,具有深远的社会影响。《牡丹亭》自问世之日起,一直受到人们的喜爱,直至今日, "闺塾""惊梦"等桥段还活跃在戏曲表演的舞台上。

清代传统戏剧走向衰落,成就大不如从前。

纵观我国戏剧发展史,在经历了数千年的发展后魅力不减当年,但戏剧总是不被看重,难以在传统文学史中占有一席之地。王国维对戏曲的研究,挖掘出了我国传统戏剧的艺术魅力与文学价值,将传统戏剧文学的地位加以提升,并入正统文学之流。

在《人间词话》问世的同时,他的第一部关于戏曲的作品《戏曲考原》也同步连载于《国粹学报》上。只是当时《人间词话》名声大噪,掩盖了《戏曲考原》的光芒。大家都被王国维的《人间词话》所吸引，很少有人注意到他的另一部重要著作《戏曲考原》的价值。

《戏曲考原》，顾名思义就是考究戏曲的"来源"，开头的序言便直接展开论述："楚辞之作，《沧浪》《凤兮》二歌先之；诗余之兴，齐、梁小乐府先之；独戏曲一体，崛起于金元之间，于是有疑其出自异域，而与前此之文学无关系者，此又不然。尝考其变迁之迹，皆在有宋一代；不过因金元人音乐上之嗜好，而日益发达耳。"

序言指出，有人认为戏曲起源于金、元两朝，"出自异域"并与"前此之文学无关系者"这一说法是错误的，通过他在《戏曲考原》中的论述以及前文中对我国戏剧发展史的简介，我们可以看出，真正意义上的戏曲其实起源于宋代。

《戏曲考原》是王国维致力于研究戏曲后的第一部专著，与《人间词话》共同连载于 1908 年底至 1909 年初的上海《国粹学报》上。王国维在研究戏曲的过程中所提出的关于中国戏曲的起源、演变、发展等众多理论观点，在这部著作中都有所反映。

《戏曲考原》有原刊本和改定本两种版本。所谓的"原刊本"是指最初发表于《国粹学报》的内容，这个版本在很长的一段时期内都处于无人问津的状态。但是这个版本的内容对于我们了解王国维如何从论词转向考曲有着非常重要的参考价值。所谓的"改定本"是指现如今所流传通行的《戏曲考原》，这个版本是在《国粹学报》基础之上通过王国维的改编、修订而成，大约是在 1909 年的夏季成书。

王国维在学术研究过程中有很多的著作还没有公开发表过时就被他在编撰文集的过程中舍弃了。王国维经过不断的钻研，发现原来的论著中有很多不合理的或是不成熟的地方，便毫不犹豫地改正，亦或是直接舍弃。

众人眼中名望日盛的王国维丝毫没有骄傲懈怠的情绪，愈是在学术界地位提升，他便更加的注重自己的研究成果和论著的质量。他严于律己的精神令人钦佩，严谨治学的品质更是令人感触颇深。有太多的人在身居高位之后，便会忘记本心，而王国维在学术研究的过程中却始终如一，颇具大家风范。

这部曾被王国维舍弃的《戏曲考原》的原刊本，在创作时也是经过了王国维的认真谋划、细心撰写的。他将自己的研究成果悉心写入此书，内容详实，见解独到，在常人看来已经具有很大的价值了，然而王国维是一位精益求精的治学者，他对自己的严格要求以及对学术的严谨态度令人敬佩万分。

例如前文中所提到的《戏曲考原》卷首序文，两个版本之间仅仅只是改动了部分措辞与修饰语，如他将"出自辽金"改成了"出自异域"；将"但由金元人"改为了"不过因金元人"；将"而发达"改为了"而日益发达"等。

当然，经由王国维如此精细的修改之后的《戏曲考原》改定本自然是更加完善，其优点在于文学内容更加充实，解说更加细致，在立论提炼方面更加成熟。王国维充分地运用了清代的考证之法，并融会贯通了近代西方的实证之法，展开了一场上溯先秦，下至唐宋的歌舞戏剧变迁的研究。从整体方面着手，在细微之处考究，力求真实完善，并且放眼西方，做了对比研究。

通过中西方戏剧的对比研究，王国维发现，在西方人眼中，戏剧具有很高的艺术价值与文学价值，戏剧就是文学不可分割的一部分。而中国传统文学中却始终没有戏剧的立足之地，戏剧文学从来不在主流文学之列，戏剧家地位低下，戏剧演出更是从古代起便被视为低贱的职业。西方人对于莎士比亚、莫里哀、歌德的尊重甚至超过了中国人对于司马迁的尊重，而在中国，至于关汉卿、汤显祖等戏剧作家却是不被看重，历来就有诸如"汉卿诚不足道也"的说法。

王国维从放眼中西方的宏观角度入手，潜心研究中国长达数千年的戏剧发展史后，认为我国戏曲并非不如西方，而是在戏曲研究领域有所空白，缺少一双发现戏曲之美的眼睛。这也是王国维"志于戏曲"，励志振兴中华民族戏曲的原因。

他认为，元杂剧足以与西方引以为傲的名剧相媲美，这些为历代正统文人所不齿的戏剧作品，岂止是"明珠翠羽"，简直就是繁花似锦。王国维的研究，打开了异彩纷呈的中国戏剧文学宝库，不仅将戏剧文学中的优秀作品呈现在世人们眼前，更是将其领出国门，向世界推广。

王国维从反传统文学的视角入手，在平等的视角下重新审视了我国传统的戏剧作品，这是他在戏剧研究过程中的一个重大突破，为后世研究戏剧做出了重大的贡献。

王国维由哲转文之后，便将研究重心转移到了戏曲上，虽然后来取得了不输于《人间词话》的成就，但是他对于戏曲的认识与研究也经历了出现错误、认识错误、改正错误，直到成功这样一个艰辛而漫长的过程。

王国维在担任《教育世界》的主编期间，接触到了不少西方戏剧。那时候《教育世界》刊载了很多西方戏剧著作的译文，比如西方戏剧家莎士比亚所写的三十多部戏剧，其中就有被称之为莎士比亚"四大悲剧"的《哈姆雷特》《奥赛罗》《李尔王》《麦克白》四部戏剧著作，另外还有席勒的戏剧论说及其以英雄传说为题材的戏剧作品等。

王国维对这些西方戏剧极为推崇，他认为，西方戏剧要比中国传统戏曲好，中国的戏曲难有"深远广博之感化作用"，并且感叹中国传统戏曲"尚在幼稚之时代"。

他在《三十自序（二）》中说："余所以有志于戏曲者，又自有故。吾中国文学之最不振者，莫若戏曲。元之杂剧，明之传奇，存于今日者尚以百数，其中之文字虽有佳者，然其理想及结构，虽欲不谓至幼稚，至拙劣，不可得也。国朝之作者，虽略有进步，然比诸西洋之名剧，相去尚不能以道里计。此余所以自忘其不敏而独有志乎是也。"

当然，王国维的这种认识在现在看来是有失偏颇的。随着视野的不断开阔以及研究的深入，他很快自我修正，打破这种片面之见。王国维开始本着"振兴中国文学"的宗旨，打破常规，从文学的角度去研究中国古典戏曲，渐渐发现中国传统戏曲的迷人魅力，从而开启了中国戏曲研究的新高度。

《曲录》是王国维另辟蹊径从事戏曲研究后的第一部著作，也是他戏曲史研究的奠基之作。虽然他之前就有过戏曲方面的接触，还写过研究戏曲之源流的著述《戏曲考原》，为其之后戏曲方面的创作打下了坚实的基础，但是在创作《曲录》之前，王国维依然做了很多准备和研究。

他在京先后交结了一批雅好词曲、热衷收藏的饱学之士，不但能常常与他们进行交流讨论，见到众多珍贵的收藏品，而且他在学部图书编译局任职的经历，也为他跟文人学士之间互通藏书、交流文学提供了一个方便的平台。

他通过多种途径阅读到了很多前辈关于戏曲研究的佳作，其中就有被他称为"绝不可睹"的《盛明杂剧》。这对于王国维后来创作《曲录》有很大的帮助。

在这里，不得不提一下王国维的另一部作品《词录》，它可谓王国维作《曲录》的前提。《词录》成书于 1908 年夏季，这一时期正是王国维全心致力于词学研究的黄金时期。王国维凭借自己深厚的词学功底，用数月的时间就做成了《词录》。

但他并没有洋洋自得，反而谦虚之至："月余而成，聊用消夏，不足云著述也。"《词录》中有这么一段话："明人及国朝人词多散在别集，既鲜总汇之编，亦罕单行之本。一人见闻既惭狭隘，诸家著录亦一毫芒，故以元人为断。"足以见得王国维在创作这一著作之时经过了横向和纵向的比较和研究，并对词学研究具有很大的抱负。

《词录》之后的王国维终于得以发现戏曲研究的新境界。他自述写作缘起，说："余作《词录》意，因思古人所作戏曲，何虑万本，而传世者寥寥。正史艺文志及《四库全书提要》于戏曲一门既未著录，海内藏书家亦罕有搜罗者。其传世总集，除臧懋循之《元曲选》、毛晋之《六十种曲》外，若《古名家杂剧》《盛明杂剧》等，今日皆绝不可睹；余亦仅寄之伶人之手，且颇遭改窜以就其唇吻。今昆曲且废，则此区区之寄于伶人之手者，恐亦不可闻矣。"王国维深刻认识到《词录》的创作对于重新审视中国戏曲价值的重要作用，他带着一种振兴中华文化的宏大眼界而进行的戏曲研究，不仅会填补戏曲研究的空白，而且也会带动戏曲本身的创作。

在《词录》的创作过程中，王国维通过数典追宗，潜心研究元明以来古人所创作的戏曲作品，深刻认识到，中国戏曲虽然一直被大家所知道，但却一直不被重视，甚至遭到冷落，更是有成千上万的曲名剧目被湮没。他不由得感叹道：中国文学之"最不振"者，并非戏曲，而是对戏曲史的研究，实在还是个空白！

他一边在酷暑中奋力编撰《词录》，一边开始着手准备《曲录》的写作。他有一首《蝶恋花》记述了入秋后撰写《曲录》的情景：

月到东南秋正半。双阙中间，浩荡流银汉。谁起水精帘下看。风前隐隐闻箫管。

凉露湿衣风拂面。坐爱清光，分照恩和怨。苑柳宫槐浑一片。长门西去昭阳殿。

月亮转到东南方的天空中，此时正是深秋时候，在宫殿的双阙中间，银河在浩荡奔流。是何人起来在水精帘下窥看？只听到晚风吹送来隐隐的箫管之声。凉露沾湿了她的衣裳，西风拂面。她孤身一人在欣赏明月的清光——分别照着宫中两处的承恩和孤怨。苑中的杨柳和宫里的槐树，远远望去连成一片。唉，长门宫西去就是昭阳殿了。凤箫声动，悠扬的曲声传入王国维的耳中，为沉溺于戏剧研究的王国维带来一丝乐趣。

　　这首词不仅表现了王国维在他精心打造的"学学山海居"里所看到的、所听到的景象，而且从"苑柳宫槐浑一片，长门西去昭阳殿"这两句看似写"宫怨"，实则描写的是王国维搭建的"理想国"，既表达了他长居于此、隔绝红尘的愿望，更是他对自己人格精神的忠诚恪守，对"般若境界"的孜孜追求。

　　元杂剧、明传奇，数以万计的戏剧作品令王国维应接不暇，他沉迷其中，怡然自得。1908 年的八月中秋之际，王国维的《曲录》已经完成了两卷，他见此时秋色宜人，光影昭昭，心情更加愉悦。开心之余，王国维依然没有停下钻研学术的步伐，他一边继续收录曲目，一边奋笔疾书，借阅戏曲书籍，进一步丰富他编书的材料，增补《曲录》的内容。这样的状态维持了数十个月，直至宣统改元夏五月（1909 年 6 月），一部纵览宋元以来戏曲兴盛历史，概述元曲作品集成的作品——《曲录》终于编撰而成。

　　《曲录》全书共六卷，前五卷详述了宋金杂剧、话本、传奇，收录了众多作品，第六卷对明清两朝的杂剧、传奇作了详细的编录整理，可谓是戏曲作品的集大成之作。当然，这部作品也有着无可避免的缺陷，即使王国维秉着非常严谨的态度，也难免有一些遗漏、重复、错误的地方。王国维后来在回顾编撰《曲录》的情形之时也提到自己遗漏较多，期待后世学者补漏查证。

《曲录》虽然有一些缺陷，但是瑕不掩瑜。它自问世后便受到学者们的大力赞赏，被誉为近代中国第一部规模巨大、覆盖面广、体系严密的戏剧汇编整合著作，它的产生不仅为王国维后来的大作《宋元戏曲考》奠定了基础，更是为深入挖掘中国戏曲这座异彩纷呈的艺术宝库拉开了帷幕。

自此，中国戏剧以一种崭新的形象重新出现在人们的眼前，学者们开始以新的眼光审视我国优秀的古典戏剧作品。无论后来出现多么优秀的研究著作，《曲录》的开山之功都是不可磨灭的。

继《曲录》之后，王国维又得出新作《录曲余谈》，并于1909 年 11 月连载发表在《国粹学报》上。在这部专著中，王国维不仅记述了戏曲总目的得失，还对我国历代戏曲进行了深入的考辨，并运用西方生理学学理对中国戏曲中的角色进行观照。

之后，王国维在戏曲研究的道路上越走越顺，取得了不俗的成绩，不仅校注了以元代杂剧作家为主体的中国第一部戏剧家传记钟嗣成的《录鬼簿》，而且还相继创作了《优语录》《唐宋大曲考》《古剧脚色考》《宋元戏曲考》等关于戏曲研究的著作，特别是被称为王国维在戏曲研究之路上"成一家之书"的《宋元戏曲考》，影响力甚广，称得上是中国戏曲史上具有开创性和奠基意义的巨作。

"学学山海居"

　　自从王国维决定从事戏曲研究之后，便在戏曲世界探索之路上一往无前。他在词曲的收集和研究上格外执着，他认为自己虽不及前辈能人那般有才学，但他从来不缺少青出于蓝而胜于蓝的勇气和精神，权威反而成为了他学术上突破的一个个标杆。他说：

　　"钱遵王、黄荛圃，学问、胸襟、嗜好，约略相似，同为吴人，又同喜搜罗词曲。遵王也是园所藏杂剧至三百余种，多人间希见之本；复翁所居，自拟李中麓'词山曲海'，有'学山海居'之目，然其藏曲之见于题跋者，仅元本《阳春白雪》，明杨仪部《南峰乐府》数种，尚不敌其藏词之精且富也。"

　　王国维追思前贤，"复翁所居"之"词山曲海"与"学山海居"之目，并且借意于"百川学海而至于海，丘陵学山而不至于山"，决定将自己在新帘子胡同新安的居处的一间小小的书房取名为"学学山海居"。他希望自己能够在这一片小小的天地之中博览群书而后海纳百川，实现自己著书立说，在学术上有所成就的愿望。最终王国维也不负众望地创作出犹如"词山曲海"般的戏曲研究著作。

时值风高气爽的秋天，王国维在他的"学学山海居"里专心创作诗词，时不时地抬头望向窗外，乐得清静。当然，居于"学学山海居"的王国维作词显然不是主要的，他的正事还是研究戏曲。王国维在"学学山海居"里所进行的戏曲研究的第一部作品便是《曲录》了，它虽然在中国戏曲的研究中占据了不可取代的地位，但因为研究资料缺失等因素，也存在一些明显的瑕疵。正如王国维的门人赵万里后来评价说："此书可议处虽多，然大辂椎轮，创始不易，其精神固甚可佩也。"

对于《曲录》所存在的问题与瑕疵，王国维是有清楚的认识的。但凡事不可一蹴而就，他自己也认为戏曲研究是一个漫长而艰难的路程，需要慢慢吃透，一步一个脚印地走。他在《曲录》的自序中这样说道："非徒为考镜之资，亦欲作搜讨之助。补三朝之志，所不敢言，成一家之书，请俟异日。"

按照王国维戏曲研究的步伐，《曲录》创作后不久，他又在"学学山海居"中埋头开始了另一部新作《录曲余谈》的创作。继《录曲余谈》之后，王国维又作了《优语录》，这是王国维参阅前人诸多史话和笔记等书籍，辑录自唐至明期间共50则"优人"戏语的一部戏剧研究论述。这里的"优人"指的是专门扮演杂戏的人，《优语录》就是专门记载这些杂戏表演者的一部作品。

自古以来，杂戏就不被文人雅士所看重，但是王国维在戏曲研究时意外地发现了这些杂戏与戏曲之间存在相通之处，所以他便通过各种途径对这些杂戏进行了解和整理，从而写成了这部对于后人戏曲研究有很大影响的作品。

对于戏曲与"优人"杂戏的相通之处，洪迈在《夷坚志》中说："俳优侏儒，周伎之最下且贱者；然亦能因戏语而箴谏时政，世目为杂剧。然则宋之杂剧，即属此种。是录之辑，岂徒足以考古，亦以存唐宋之戏曲也。"王国维发现其与戏曲相通，更与唐宋之戏曲有千丝万缕的联系，由此，王国维便开始着手研究唐宋之戏曲，从而引出了王国维的另一部戏曲研究的作品《唐宋大曲考》，并于1910年分五期连载于《国粹学报》上。

所谓"大曲"，通俗来讲就是指大型的歌舞曲。它是汉民族传统音乐表现形式之一，具有较长的发展历史。"大曲"产生于先秦时期，其渊源与商周时期的祭祀乐曲有关。根据《左传》记载："国之大事，在祀与戎。"商周时期的先民非常注重祭祀活动，每逢祭祀，先民们都会杀猪宰羊，准备祭品，举行盛大的仪式，当然，也离不开大型歌舞表演，这便是大曲的雏形。

汉魏时期的大曲主要是指兼有乐器演奏和舞蹈表演的节目，代表作有《广陵散》《白头吟》和《步出夏门行》等。

唐代是大曲艺术发展的繁盛时期。这一时期，大曲不仅数量多、来源广，而且艺术水平较高，在历史上享有盛名。唐代大曲除了沿袭前代流传下来的清乐旧曲外，主要有两个新的来源：一是吸收学习西凉、龟兹等西域少数民族的音乐而产生的"杂用胡夷里巷之曲"；二是在各少数民族音乐和外国音乐传入内地以后，吸取清乐的滋养和经验所形成的大曲。

由于运用场合与来源的差异，这些大曲被分为运用在郊庙祭祀等重大典礼的雅乐大曲，用于宴飨、朝会以及重大节日的燕乐大曲与源于宗教的道调法曲三大类。代表作品有《破阵乐》《玉树后庭花》和《霓裳羽衣曲》等。大曲的称谓最早出现在东汉时期蔡邕所著的《女则》中，正式的提出是在沈约所著的《宋书·乐志》中，唐代的雅乐与民间乐曲中都有大曲的存在。

王国维广泛的收集资料，并吸纳民间词曲、野史、杂书中关于大曲的记载，进行详细的研究，得出了自己的结论。

首先，关于大曲名称，实际是出自唐代大曲中。其次，关于大曲是否都有舞蹈相伴，王国维进行了考证，得出了肯定的结论。第三，大曲发展至宋代，是如何将戏曲与歌舞相融合的。针对以上问题，王国维也都一一做了描述。

王国维运用文学演变发展的思维对大曲进行了深入的研究，提出了一系列崭新的观点，给戏曲研究提供了新的视角与研究方式，《唐宋大曲考》也被认为是《戏曲考原》的续篇。《唐宋大曲考》的出现，不仅解决了杂戏的源流问题，而且还在戏曲研究道路上起到了不可估量的作用。

"学学山海居"在一开始起名的时候，王国维便将戏曲研究的希望寄托于此，可能真是应了这名，王国维在这里进行戏曲研究之后，灵感源源不断地涌现，关于戏曲的作品也是一部接着一部地问世。厚积薄发，这四个字最恰当不过地形容了此时王国维的状态。沉隐多年的读书学习、不断打磨，终于在恰当的时机展现出超人的才智和能力。

王国维之前一直忙于创作，偶然的一个机会使得他又在戏曲研究之路上前进了一大步，那就是他对于《录鬼簿》的校注。《录鬼簿》是我国历史上第一部为戏剧演员作传的书籍。所谓的"鬼"，实际是指戏剧作家和戏剧演员。至于为什么要叫《录鬼簿》，它的作者钟嗣成在其《录鬼簿序》中作了解释说："人之生斯世也，但以已死者为鬼，而不知未死者亦鬼也，酒罂饭囊，或醉或梦，块然泥土者，则其人与已死之鬼何异？"

《录鬼簿》的作者钟嗣成（约 1279 年~约 1360 年）是元代著名的散曲家、文学家，字继先，号丑斋，大梁（今河南开封）人，寓居杭州多年。屡次参加科举考试不中，后致力于研究元代杂剧。钟嗣成自己也是一位戏剧创作家，曾作《钱神论》《章台柳》和《蟠桃会》等杂剧作品，可惜没有流传下来。

《录鬼簿》全书分两卷，共记述了一百五十二位杂剧及散曲作家，根据其产生的时间先后顺序进行排列。除了剧作家，《录鬼簿》还详细地记录了剧目约 400 种。元代戏曲家的基本情况，在此著作中都有记载描述。同时，此书还零星地记录了元代杂剧作家的生活情况与创作情形，并且揭示了元代戏曲发展的线索，为人们研究元代戏曲的提供了宝贵材料。

《录鬼簿》记载了大量元代的杂剧作品，既有广为人知的关汉卿以及家喻户晓的剧作《窦娥冤》，也有一些不知名的剧作家及作品。但是，在长期的传阅和抄写过程中，产生了颇多误解。所以，王国维认为有必要对它进行重新校注，因而写成了这部《录鬼簿校注》。

王国维于光绪戊申年冬十月（1908 年 11 月）开始编写《录鬼簿校注》，历时数月。在王国维笔下，那些门第卑微、时运不济的"鬼"的作品得以重见天日，王国维继钟嗣成之后给了他们第二次生命。王国维真正地认识到了《录鬼簿》的地位与价值，对其中的每一个字都细细体味，认真校注，力求完美。

王国维在"学学山海居"创作的有关戏曲研究的倒数第二部作品是《古剧脚色考》。"脚色"，顾名思义就是"角色"。这是一部对唐宋以来中国古典戏曲中角色的渊源及其变化发展的论述。

在这部作品中，王国维对戏曲中角色的名称、发展都进行了严谨的考证，还从西方心理学和生理学的角度对这些角色在剧中的作用及其如何发挥、展示都做了科学的分析，这种"西为中用"的考证方法是前所未有的。

司马迁在《史记》中曾自嘲说："固主上所戏弄，倡优所畜，流俗之所轻也。""倡优"，即戏剧演员，也叫伶人，指那些以音乐、歌舞或杂技戏耍供人娱乐的艺人。他们社会地位十分低下，一直以来都得不到人们的重视。在一出完整的戏剧中，每位艺人的角色和作用都有着具体的规定。总体来说，戏剧角色有五大类，分为生、旦、净、末、丑。

王国维以史学家的眼光入手，具体研究了不同角色的作用，旁征博引，写得十分精彩，其中对"参军""末泥""装旦"等角色都做了精彩的描述。王国维的这部作品充分显示出了他对考据之学的运用已经达到了炉火纯青的地步，经过一系列的考据、举证，他得出了最终的结论：历代以来，角色发展的最终意义与最高表现在于角色所蕴含的气质，也就是戏剧的人物性格特征。这一成果，对于日后的戏剧发展有着重大的作用。

王国维在《古剧脚色考》中还对中国古典戏剧的发展脉络进行了梳理，这为他随后撰写《宋元戏曲考》进一步奠定了坚实的基础。

成一家之书

到 1911 年 10 月辛亥革命之前，两三年的时间里，王国维在"学学山海居"里辛勤耕耘，在"词山"与"曲海"间殷勤撷采，相继创作了《曲录》《曲录余谈》《唐宋大曲考》《优语录》《古剧脚色考》等戏曲研究著作。

随着这一系列作品的问世，王国维在戏曲研究方面的成就也引起了世界学界的广泛关注，这时候的他对于戏曲虽还做不到如数家珍，但也能够了然于胸了。但王国维并不满足于此，他对戏曲的研究并没有就此止步。1912 年，受商务印书馆的邀约，王国维开始着手撰写《宋元戏曲考》。

《宋元戏曲考》的创作，终于实现了王国维"成一家之书"的愿望。

王国维撰写《宋元戏曲考》前后只花费了三个月的时间，他在《宋元戏曲考序》里写下自己的写作背景："从事既久，续有所得，颇觉昔人之说，与自己之书，罅漏日多，而手所疏记，与心所领会者，亦日有增益。壬子岁莫，旅居多暇，乃以三月之力，写为此书。凡诸材料，皆余所搜集；其所说明，亦大抵余之所创获也。世之为此学者自余始，其所贡献于此学者，亦以此书为多。非吾辈才力过于古人，实以古人未尝为此学故也。"

从他的自述中可以看出，王国维之所以能在这么短的时间内创作出与鲁迅的《中国小说史略》共称为"中国文艺史研究双璧"的《宋元戏曲考》，最重要的一个原因是他之前对于戏曲研究的积累。

《宋元戏曲考》于 1913 年 2 月作成，并于 4 月分八期连载于商务印书馆的《东方杂志》上。然而在刊行之际，商务印书馆将《宋元戏曲考》更名为《宋元戏曲史》，对于他们的这一行为，王国维并不认可，他在给好友缪荃孙的信中说道："但四五年来中研究所得，手所疏记心所储藏者，借此得编成一书，否则荏苒不能刻期告成。惟其中材料皆一手搜集，说解亦皆自己所发明。将来仍拟改易书名，编定卷数，另行自刻也。"

可直到王国维去世之后，他的好友罗振玉在刻印《王忠悫公遗书》时，将收录其中的《宋元戏曲史》改为原来的《宋元戏曲考》，这才弥补了王国维生前"另行自刻"这一愿望。

《宋元戏曲考》全书共有十六章，以宋元两朝为重点，对中国戏曲的形成过程、戏剧的渊源及戏剧文学进行了深度探讨。他主要根据对宋元戏剧的考证来对中国戏剧的起源和发展进行阐述，并对元杂剧的源流、兴起的时间和地点以及其存亡和结构等进行解析，对中国戏剧全面进行了横向和纵向的比较论述，并强调了戏剧在中国文学史上的历史地位。

王国维之前几年在"学学山海居"里对戏曲所进行的研究与考证，以及他的一系列关于戏曲研究的作品，如《曲录》《唐宋大曲考》等都为《宋元戏曲考》的创作奠定了坚实的基础，比如王国维在《宋元戏曲考》正文之后所附录的43位元代戏曲家小传就是取自王国维戏曲研究之路上的奠基之作《曲录》。

在王国维的《人间词话》中有三重境界之说，《宋元戏曲考》亦是如此，王国维所追求的是元曲"写情则沁人心脾，写景则在人耳目，述事则如其口出也"的意境。

此番意境为，在景色的描述上能够做到栩栩如生，如身临其境，山清水秀现于眼前，能耳听鸟语鼻嗅花香；在寄情上能够直入人心，能够做到心意相通；在述事上就好像自己亲口说出来的一样。他还觉得，戏曲的意境如同类比诗词的表达一样，不仅能够使诗人词人借景抒情，还能够寄情于景，能够沉迷于这样的意境之中。

《宋元戏曲考》作为一部具有现代意义的古典文学研究著作，把中国的戏曲从理论上由古典推向近代，从传统的"曲学"转为近代的戏剧文学，并带动了小说史及其他被称为"俚辞"的通俗文学的研究，使得中国近代文学真正走向了世界。《宋元戏曲考》的问世不仅是王国维前期学业的最高辉煌，也是中国新文化运动提倡新文学的先导佳作。在那个动荡混乱的年代，《宋元戏曲考》引领开拓了中国戏剧文学史研究的新领域。它不仅为后世学者研究戏剧理论奠定了基础，而且将戏剧文学纳入了中国古代文学史的范畴内，扩大了中国古代文学的范围，具有划时代的历史贡献与深远影响。

王国维的《宋元戏曲考》在中国戏曲研究史上的贡献可谓是前无古人后无来者，他的《元剧之文章》，与他手定的六十四则《人间词话》及《红楼梦评论》，鼎足而三，在中国文学史上的贡献也是相当震撼的。王国维对中国文学史上最具代表性的唐诗、宋词、元曲都进行了研究，并且以独到的眼光去考究、去创作，从而开辟出学问之新境界，创作出具有中西方文化意义的文学作品，实现了王国维"成一家之书"的愿望与追求。

当然，无可讳言的是《宋元戏曲考》是有所缺陷的。受当时的社会环境、资料收集以及王国维自身认识上的限制，《宋元戏曲考》的缺陷集中体现在关于"真戏剧"的概念定义上。王国维认为，真正意义上的戏剧起源于宋代，这种观点的确有些偏颇，而且过于绝对化。他所提出的"一代有一代之文学"的观点，只看到了文学的产生而忽略了其后的发展，不免有失偏颇。

第六章
辛亥东渡——彼邦信美，终非吾土

人生转角处

　　1911 辛亥年，注定是中国近代史上不同寻常的一年。辉煌一时的大清王朝此时已是奄奄一息之态。无论是打着自强求富大旗的洋务运动，还是昙花一现的维新变法；无论是王族内阁伪装下的清末预备立宪，还是满清政府的一系列或真或假的举措，都只是在"保大清不保中华"的思想下维护这个王朝所做的最后的挣扎。

　　有人曾将清政府的软弱无能归罪于慈禧太后，归罪于李鸿章，或是归罪于帝国主义列强的贪婪无度……事实上，在事物变化发展中起决定性作用的是内部因素，并且个人对历史发展的影响力是微乎其微的。

　　无论是慈禧太后还是李鸿章，仅凭个人的影响力是无法改变历史发展潮流的，"弱国无外交"是亘古不变的真理，旧式的封建君主专制已走到了尽头，任何妄图维护专制统治的努力不过只是垂死挣扎而已。

　　在王国维举家迁居北京的三年多时间中，外界的风云突变对作为学问研究者的王国维并没有产生多大的影响。他的生活向来平淡，他虽在学部任职，但是从 1907 年入学部，他的"实职"始终是"图书编译局编译"。

对于编译这个职务，可能很多人不太明白，如若一定要确切表述的话，"编译"就是我们现在所说的"教授级"的"专业技术职务"。虽然期间他曾经在由严复所主持的"编定名词馆"做过"协修"，却也只是个兼职罢了。因此，王国维始终只是个非官非吏的布衣白丁。1911 年所爆发的"辛亥革命"，成为了王国维人生的转折点。

"山雨欲来风满楼"，尽管一门心思做学问的王国维对于大清朝覆亡的命运认识还不够，他始终以为这跟之前的所有暴乱一样，总能够雨过天晴。但苟延残喘的清王朝还是不可避免地走到了彻底灭亡的尽头。

1911 年 5 月，四川民众组织成立"保路同志会"并发起了"保路运动"，四川局势开始一发不可收拾，之后全国各地的人民暴动也像雨后春笋纷纷兴起，湖南、广州等地纷纷爆发保路运动，而满清朝廷妄图以血腥镇压来维持其无道的统治，一场起义新军与朝廷的武装斗争便不可避免地发生了。

1911 年 9 月 25 日，荣县宣布独立，成为全中国第一个脱离清王朝统治的地区，也把保路运动推向高潮。10 月 10 日晚，新军工程第八营的革命党人打响了武昌起义的第一枪。在这场武装斗争中，发生的两件大事使得王国维认识到这次暴动并非小打小闹，他真切地感受到了事态的严重性，故而再不能安心的在"学学山海居"里研究学问了。

第一件事情是王国维在学部任职的顶头上司，即学部尚书端方，慈禧太后的宠臣，武昌起义爆发前夕，在受命前往四川镇压暴乱的途中被起义军杀害，首级被革命军用木匣盛着扔进长江中。

得知消息后的王国维十分震惊。端方生前对王国维很是赏识，对他有知遇之恩，如今这位官至直隶总督的朝廷重臣就这样被杀害，甚至连全尸都没有留下来。对此王国维感到十分惋惜，不仅亲自为他撰写悼词，还将阮籍《咏怀诗》中"啸歌伤怀，独寤寐言。临觞拊膺，对食忘餐"两句改写为"对案辍食惨不欢，请为君歌蜀道难"来缅怀端方。

另一件事就是王国维当年任职的上海《时务报》的主编汪康年，此时正在天津办《刍言报》的进步学者，得知袁世凯被重用时，当即气得突发中风，不久就过世了。

紧接着，在短短的一个月时间内全国就有14个省宣布独立，这也意味着清政府已经土崩瓦解，回天无力。这对于受封建主义统治根深蒂固影响的普通百姓来说，无疑是失去了主心骨，他们开始了迷茫的逃亡，国内顿时一片混乱景象。

辛亥革命之所以被称为"革命"，绝对不同于以往康有为、梁启超所组织进行的"公车上书"或"维新变法"那般温柔。辛亥革命是真刀真枪的"革命"。

从"保路运动"到湖北新军发起的"武昌起义"，再到扩展到各个省份的革命运动，都是经过了革命党人冲锋陷阵，抛头颅、洒热血的拼杀发展而来的。

在这场革命中起了重要作用的湖北新军是由张之洞主张创建的，是他在面对内外交困之"惊世之变"时，企图为风雨飘摇中的清王朝支撑两湖这一方天地而创建的御侮自强、保国家的武装力量。然而事与愿违，张之洞一手创办的湖北新军，却亲手葬送了清王朝。

此时王国维也开始着急了，他积蓄不足，还拖家带口，并且对于未来更是一如所知。与他一样一筹莫展的还有罗振玉。作为清王朝的官员，他本应是怀着一颗殉国之心的，但是，早已腐朽不堪的清王朝不值得仁人志士为之守节。其实罗振玉主要担心的并不是气节。当时的罗振玉官居四品，是清朝庭的骨干官员，革命爆发后，很多清政府大官员都沦为了革命对象，他只是害怕自己被起义军当成革命的对象而已，同时他也担心自己多年苦心收藏的大批书籍和古器物受他人觊觎。

王国维与好友罗振玉商议，决定先前往日本暂避国难。做好决定之后，罗振玉和王国维就联系了两人在日本好友藤田剑峰。藤田剑峰是当年罗振玉所创办的《农学报》附属机构东文学社所聘请的日文外教，王国维当年在东文学社学习时与其相识相知，王国维第一次接触到哲学方面的书籍也是从藤田剑峰那里借来的。后来，王国维在罗振玉的资助下前往日本留学，藤田剑峰不但帮他联系安排了就读的学校和住宿，还帮助王国维找兼职工作。王国维在日本期间得其照顾颇多，两人的交情一直很深。

在藤田剑峰的安排下，1911 年 11 月 20 日，罗振玉、王国维及罗氏长婿刘季英，各自携带家眷，共二十余口人，在天津大沽口登乘日本"温州丸"商船前往日本，历经七日海上颠簸，终于于 27 日抵达日本神户，然后转道前往京都吉田山下的田中村安家。

就此，王国维开始了他长达四年多流寓异域的生涯，也是在这一期间，王国维与罗振玉在学术上的紧密合作成就了他们最辉煌的时期。

清代赵翼《题遗山诗》写道：

> 身阅兴亡浩劫空，两朝文献一衰翁，
> 无官未害餐周粟，有史深愁失楚弓。
> 行殿幽兰悲夜火，故都乔木泣秋风，
> 国家不幸诗家幸，赋到沧桑句便工。

如这首诗所言，此时的中国正处于历史巨变的风云之中，乱世沧桑激发了文人们的创作灵感，他们提笔赋诗，抒写心中愤懑与忧郁，王国维与罗振玉也是这样。

在这里不得不提的是罗振玉那些藏书与古物。前文就有提过，罗振玉在辛亥革命爆发时除了担心自身安全，还很担心他的藏书与古物被他人觊觎。所以在流亡日本之时，他也将自己的藏书与古物一并带上了。这对于"逃亡"来说并不是件容易的事情，况且当时船票难求，船上更是拥挤不堪。但幸运的是罗振玉在日本的名气较大，"温州丸"号的船长刚好也对罗振玉的才学很敬佩，所以特意将自己的船舱让给罗振玉一家住，这也为他携带藏书与古物提供了方便。

王国维刚到日本时曾作过几首诗，其中一首就是关于罗振玉千里携带藏书古物一事的。

> 莽莽神州入战图，中原文献问何如？
> 苦思十载窥三馆，且喜扁舟尚五车。
> 烈火幸逃将尽劫，神山况有未焚书。

王国维诗中的"入战图"和"扁舟尚五车"都是指罗振玉东渡日本时所携带的大批藏书与古物。罗振玉到达日本之初，将他的藏书与古物都寄存在京都图书馆，后经过他和王国维近三个月的精心整理和清点，发现藏品数量实在惊人，仅仅藏书就多达 50 余万册，另有古器物及其标识拓本数千件和上万片极为珍贵的甲骨。

这无疑是一笔宝贵的财富。在罗振玉和王国维合力做学问期间，罗氏为了能有个安静的环境便于研究，在藤田剑峰的帮助下觅地筑屋，在京都郊外的净土寺地段建造了单家独院的私宅"永慕园"，并附建藏书室，将他的这批藏书与古物都搬移进去，并将书室命名为"大云书库"。

"大云书库"顾名思义，是指该书库中的书籍非常多，如云海般浩大。罗振玉将他从中国带过来的藏书古籍、金石文物都安放于此。王国维一行人在日本安顿下来之后，罗振玉曾孤身一人回到北京打探消息。但国内政局混乱不堪、形势不明，他不得不返回日本，与王国维做长期居住的打算。

面对国内瞬息万变的时局，王国维在异国他乡同样不能安心。他时时关注国内时局，关注国运民命。

1912 年 1 月 1 日，孙中山在南京就任中华民国临时大总统，同年 2 月 12 日，清宣统皇帝正式宣布退位，第二天，孙中山为了国之安定辞去临时大总统职务，由袁世凯接任。袁世凯之所以能够取代孙中山任临时大总统，全靠他的"不正之术"，之后他更是一发不可收拾地兴起"复辟帝制"的美梦。

对于国内瞬息万变的时政局势，王国维作了如下这两首《读史二绝句》：

其一

楚汉龙争元自可，师昭狐媚竟如何？

阮生广武原头泪，应比回车痛哭多！

其二

当涂典午长儿孙，新室成家且自尊。

只怪常山赵延寿，赭袍龙凤向中原！

这两首诗充分运用历史典故，借古讽今。在第一首诗中，"师昭狐媚"指的是司马兄弟密谋篡位的事，以此代指袁世凯篡夺皇位，逼迫清帝退位。这里的"阮生"则是王国维自喻，诗的后两句意思是王朝更迭，像袁世凯这样的奸佞也借机成为"英雄"，王国维自认为是"大清遗老"，面对此情景不禁悲痛万分。

第二首诗则沿用了第一首诗中典故，且更具有深意。"当涂"代指魏国，"典午"代指司马氏，"新室"指的是西汉王莽篡位后改国号为"新"，"成家"引用的则是东汉公孙述在蜀成都称帝的事。王莽篡汉，任命公孙述为蜀郡太守。建武元年，公孙述在蜀称帝，国号成家，年号龙兴。这句诗意指袁世凯虽然已经称帝，但必然不会长久。

罗振玉在《集蓼编》中曾经记载了这样一件事：袁世凯称帝后，罗振玉在日本京都净土建立"大云书库"，书库落成那天，赵尔巽欲聘罗振玉为清史馆纂修，罗振玉愤然拒绝。赵尔巽依附袁世凯，对此种不给面子的行为颇为不满。

陈永正先生认为，王国维此诗作于 1912 年，当时清朝旧官吏投靠袁世凯的非常多，尚在青岛的赵尔巽也不例外，他们大都恃强凌弱，故而为王国维等人所不齿，特作诗以"赵延寿"讽刺他。

异国他乡寻觅桃花源

　　宣统退位，大清朝灭亡，袁氏窃国。对于中华民族而言，这场看不出是福是祸的改朝换代令人无比担忧。正所谓"天下兴亡，匹夫有责。"王国维自然不能置身事外。王国维一行人虽然东渡日本，但仍然心系国事，在得知清政府彻底瓦解之后，王国维心里难免有些伤感。

　　他出生在清朝封建帝制的大环境下，从小接受八股习文、时文绳墨的教育，受忠君爱国影响颇深，因此他作了首《颐和园词》，以悼念逝去的光绪帝和灭亡的清朝廷。

汉家七叶钟阳九，澒洞风埃昏九有。
南国潢池正弄兵，北沽门户仍飞牡。
仓皇万乘向金微，一去宫车不复归。
提挈嗣皇绥旧服，万几从此出宫闱。
东朝渊塞曾无匹，西宫才略称第一。
恩泽何曾逮外家，咨谋往往闻温室。

亲王辅政最称贤，诸将专征捷奏先。

迅归櫶抢回日月，八方重睹中兴年。

联翩方召升朝右，北门独对西平手。

因治楼船凿汉池，别营台沼追文囿。

西直门西柳色青，玉泉山下水流清。

新锡山名呼万寿，旧疏河水号昆明。

昆明万寿佳山水，中间宫殿排云起。

拂水回廊千步深，冠山杰阁三层峙。

隧道盘行凌紫烟，上方宝殿放祈年。

更栽火树千花发，不数名珠彻夜悬。

是时朝野多丰豫，年年三月迎銮驭。

长乐深严苦敝神，甘泉爽垲宜清暑。

高秋风日过重阳，佳节坤成启未央。

丹陛大陈三部伎，玉卮亲举万年觞。

嗣皇上寿称臣子，本朝家法严无比。

问膳曾无赐坐时，从游罕讲家人礼。

东平小女最承恩，远嫁归来奉紫宸。

卧起每偕荣寿主，丹青差喜缪夫人。

尊号珠联十六字，太官加豆依前制。

别启琼林贮美余，更营玉府蒐珍异。

月殿云阶敞上方，宫中习静夜焚香。

但祝时平边塞静，千秋万岁未渠央。

五十年间天下母，后来无继前无偶。

却因清暇话平生，万事何堪重回首。

忆昔先皇幸朔方，属车恩幸故难量。

内批教写清舒馆，小印新镌同道堂。

一朝铸鼎降龙驭，后宫稍绝不能去。

北渚何堪帝子愁，南衙复遘丞卿怒。

手夷端肃反京师，永念冲人未有知。

为简儒臣严谕教，别求名族正宫闱。

可怜白日西南驶，一纪恩勤付流水。

甲观曾无世嫡孙，后宫并乏才人子。

提携犹子付黄图，劬苦还如同治初。

又见法宫冯玉几，更劳武帐坐珠襦。

国事中间几翻覆，近年最忆怀来辱。

草地间关短毂车，邮亭仓卒芜蒌粥。

上相留都树大牙，东南诸将奉王家。

坐令佳气腾金阙，复道都人望翠华。

自古忠良能活国，于今母子仍玉食。

宗庙重闻钟鼓声，离宫不改池台色。

一自官家静摄频，含饴无异弄诸孙。

但看腰脚今犹健，莫道伤心迹已陈。

两宫一旦同绵惙，天柱偏先地维折。
高武子孙复几人，哀平国统仍三绝。
是时长乐正弥留，茹痛还为社稷谋。
已遣伯禽承大统，更扳公旦觐诸侯。
别有重臣升御榻，紫枢元老开黄阁。
安世忠勤自始终，本初才气尤腾踔。
复数同时奉话言，诸王刘泽号亲贤。
独总百官居冢宰，共扶孺子济艰难。
社稷有灵邦有主，今朝地下告文祖。
坐见弥天戢玉棺，独留末命书盟府。
原庙丹青俨若神，镜奁遗物尚如新。
那知此日新朝主，便是当时顾命臣。
离宫一闭经三载，绿水青山不曾改。
雨洗苍苔石兽闲，风摇朱户铜蠡在。
云韶散乐久无声，甲帐珠帘取次倾。
岂谓先朝营楚殿，翻教今日恨尧臣。
宣室遗言犹在耳，山河盟誓期终始。
寡妇孤儿要易欺，讴歌狱讼终何是。
深宫母子独凄然，却似滦阳游幸年。
昔去会逢天下养，今来岁受厉人怜。
虎鼠龙鱼无定态，唐侯已在虞宾位。

且语王孙慎勿疏，相期黄发终无艾。

定陵松柏郁青青，应为兴亡一拊膺。

却忆年年寒食节，朱侯亲上十三陵。

《颐和园词》采用的是以白居易《长恨歌》为代表的标志着朝代兴衰的"长庆体"排律。其内容主要分为五个部分：第一部分为序诗，描述了清政府内忧外患，对外英法联军火烧圆明园，对内太平天国运动的短暂兴起；第二部分用"西宫才略称第一""咨谋往往闻温室"来描述慈禧太后专政，当左宗棠收复伊犁以后，朝廷一派歌舞升平，大举营建颐和园；第三部分写慈禧大寿，普天同庆；第四部分记述庚子蒙难，挟光绪帝西逃；第五部分讲述宣统退位，袁世凯窃国，最后王国维抚今追昔，以一句"却忆年年寒食节，朱侯亲上十三陵"结束了这篇封建王朝最后的挽歌。

不难看出，在这首《颐和园词》中，王国维将毕生的情感都注入其中，这个中国历史上最后一个封建王朝虽然腐朽没落，但在王国维心中却是家国精神的支柱与依托。

王国维是接受过西方近代先进民主思想洗礼的学者，他作诗怀念清王朝并非反对共和，而是因为当时清宣统皇帝下诏退位，而孙中山先生也已辞职，偌大的中华实际掌控在袁世凯这个狡诈阴险的小人手中，谁人不担忧呢？

喧嚣过后的颐和园一片沉寂，仿佛什么也没发生过一样，这座昔日由慈禧太后花费重金打造的园林，如今已是人去楼空，王国维痛骂慈禧是亡国败家的罪魁祸首。

这首洋洋洒洒的《颐和园词》表面上看是王国维为清朝做的挽歌，实则是王国维对慈禧太后罪行的强有力的控诉。诗成之后，好友莫不赞之，纷纷索要传颂，罗振玉更是"见而激赏之，因为手写，付诸石印"。

这是王国维第三次东渡日本。第一次得好友罗振玉资助东渡日本留洋，王国维埋头苦读书，两耳不闻窗外事。第二次东渡，王国维受罗振玉委托，到日本寻找译手，虽无为而归，却在日本接触了西方著作，在学问上深受启发。而这次东渡，虽然是携家眷为避国难匆匆而来，却也是最无压力的一次。得知暂时归国无望，他也做好了长期居住的打算，"路漫漫其修远兮"，在异国他乡一切都是未知数，当家园一片狼藉之时，王国维一行人都希望能在这里找到一片安宁净土。

初到日本，王国维和罗振玉等都住在京都郊外吉田山一带的田中村。日本风景秀美，气候湿润，山村田园间更是环境幽静，景色秀美，颇有一种陶渊明的"世外桃源"的感觉。罗振玉在后来给女儿的信中写到：

"西京四面皆山，旧称山城国。初居田中村，再移神乐冈。其地风景幽胜，气候适中，小楼一楹，仅堪容膝，而纤尘不染，席地凭几，犹然古风。窗外山光岚气，朝晖夕阴，奇瑰不可名状。绕屋则溪流如带，日夜潺湲。比屋而居者，有刘季缨姊丈大绅，王静安姻丈国维。二家多仆媪童稚，隔篱呼应，悉作乡音，颇不岑寂。"

从信中能看出，初到日本的王国维和好友罗振玉及其妹夫刘大绅比邻而居，隔篱呼应，说着家乡话，仿佛不是远赴他乡，而是找了个地方隐居起来了。

王国维的长子王浅明与罗家的女儿罗孝纯订婚，王、罗、刘三家比邻而居，十分和睦。几家的孩童经常聚在一起玩耍，女人们经常在一起聊家长里短，男人们经常一起讨论学问国事，一行人就在这个小山村过起了"采菊东篱下，悠然见南山"的隐士田园生活。

都说山水养性，王国维初到这样的地方过这种悠闲自得的生活还有些不太习惯。他一生跟学问打交道，在这样静谧而美好的环境里，怎么能少了书呢？这时候，罗振玉不远万里携带的大批藏书就正好可以用来打发时间了。

在田中村居住了一年之后，王国维便因为家眷太多而搬迁到了神乐岗净土寺附近，这离罗振玉新建的"永慕园"别墅很近，离罗振玉为藏书与古物而建的"大云书库"自然也很近。

王国维充分借助"近水楼台先得月"的便利，发兴"温经"，攻读经籍。他居住的神乐岗离市区较远，好在地亦优胜，山清水秀。清晨，整个村庄薄雾缭绕，在鸡鸣中慢慢苏醒，不一会儿便升起几缕青烟，从各家各户飘出饭食之香味。王国维居住在这"世外桃源"里，过着"偷得浮生半日闲"的生活，好不逍遥自在。

但悠闲自得的生活并没有使王国维忘记他的理想与追求，他每天除了吃饭睡觉，一有时间就跑到好友罗振玉的永慕园与之研究文史，除此之外，他几乎摒绝了外界的一切干扰。他借助异国他乡这一桃花源，潜心耕我中华文化的"学术田"。他一边帮助罗振玉整理藏书古籍，一边开启了徜徉书海之旅，这也为他后来研究文史做了良好的铺垫。

当王国维潜心研究学术之时，罗振玉也沉浸在甲骨文研究中怡然自得。

1899 年，王懿荣成为发现和研究甲骨文的第一人，之后中国近现代研究甲骨文的学者就层出不穷，其中最有名且成就最大的当属"四堂"，分别是："雪堂"罗振玉、"观堂"王国维、"鼎堂"郭沫若和"彦堂"董作宾，四人研究甲骨文侧重点不一样，成就也各不相同。

而甲骨出土问世后，在中国文化史上实际做了一番工夫的首先当属罗振玉。在甲骨的搜集、保存、传播等方面，罗振玉当居首功。罗振玉所做的商代甲骨的搜集、保存、考释工作，是中国近三百年来文化史上应该大写特写的一项事业。

甲骨学家胡厚宣在《甲骨学著序言》中曾评价道："罗振玉对甲骨的搜集和流传最为有功。罗振玉以研究甲骨文较早，著有《殷墟书契考释》《殷商贞卜文字考》等书，对甲骨文书法实践而具有先导的意义，功莫大焉。"

罗振玉曾经在河南安阳搜集甲骨多达 2 万片，他利用有限的甲骨文字，灵活运用它们，将其写就 170 余幅楹联，将古奥难识的甲骨文引向书法艺术，并且使之推广开去，在甲骨文研究史上留下了不可磨灭的功绩。

罗振玉还将写铭文的笔法运用到写甲骨文上，即书写笔画除了坚挺遒劲的主笔外，辅之以相对舒缓的笔调，墨的浓淡变化很微妙。罗振玉学问精博，达到了清代乾嘉学者未曾达到的高度。作为近代杰出的书法家，他能将书法原理与儒家传统的中庸之美相融合，为现代书法的发展和转变提供物质基础和现实可能。

王国维与罗振玉此次在日本居住长达五年，最滋润的就要数前两年了。这个时期，他们生活安定，每天吃吃饭，散散步，研究研究学问，和好友小聚，顺便再关注一下国事。这也是王国维或者世人所追求的世外桃源的生活吧！

新眼光看国学

在流寓日本期间，王国维一边沉浸在"世外桃源"的山村生活中怡然自得，一边也在学问研究的道路上继续前进。

他在闲暇之余，又将小时候所不喜的时文绳墨翻出来读，温故而知新，他自己在写给好友缪荃孙的信中也说到："今年发温经之兴，将《十三经注疏》圈点一过。阮校尚称详密，而误处尚属不少。有显然谬误而不赞一辞者，有引极平常之书而不参校者。"

他在细读"十三经"时完成了《明堂寝庙通考》一书。这是一本有关中国古代宫室建筑史的书籍，为此王国维却参阅了大量古书籍，他将中西学问融会贯通，不仅将帝王宫室的演化过程予以详细分析，而且还对宗庙和寝庙等建筑的形制及名称做了明确解读，为古代宫室建筑的历史和礼制做出了科学的总结。

不仅如此，王国维还从头到尾圈读了清代学者段玉裁的《说文解字注》，并且参阅了《史记》《考工记注》《三礼图注》

《明堂通释》和《隋书》等大量经典典籍。所谓"书读百遍，其义自现"，王国维再次阅读这些书籍，不仅巩固了这些知识，而且还有了新的见解。这些书籍为其积累了深厚的文学知识，为他后来从事国学研究奠定了极为坚实的基础。

王国维趁热打铁，不久又出了另一篇著述《布帛通考》，后来定名为《释币》。这部著述与《明堂寝庙通考》虽然在文笔上大同小异，并且都是国学经典之作，但其研究的具体内容却完全不同。

《明堂寝庙通考》主要描写的是中国的特色房屋庙堂构成、建筑特色等；《布帛通考》即《释币》，则侧重于古代用币帛祝告宗庙、神灵的礼仪。

之后，在 1914 年 6 月至 10 月的短短四个月内，王国维又编撰了《宋代金文著录表》和《国朝金文著录表》等著述及两篇序文。这也标志着王国维的学术研究转向国学。

正当王国维决定将学术研究转向国学之时，其好友罗振玉在日本京都重新刊行辛亥之冬停办于北京的《国学丛刊》，并请王国维坐镇。对于好友的邀请，王国维从没有想过要拒绝，况且这正值他想要从事国学研究之时，《国学丛刊》无异于为他提供了一个很好的研究平台。

《国学丛刊》创刊《序》主张"居今之日，讲今日之学"，与复刊《序》"问诸故府，方策如新"的基本宗旨是一个"新"

字，不过二者一前一后罢了。创刊《序》主要在理论上"推陈"，而复刊《序》则偏重于实践上"出新"。

其实说到回归国学，最早还是要数王国维旅居日本次年撰写的考证中国书册制度的书籍《简牍检署考》。这部作品于1912年经铃木虎雄译为日文后刊载在了日本《艺文》杂志之上。

在《简牍检署考》的考证上，他将近代逻辑学之归纳、演绎整合作用，从而推演出了"古策长短皆为二尺四寸之分数，牍之长短皆为五之倍数规律"。他的这部《简牍检署考》后来成了现代简牍学的奠基之作，这也是王国维东渡以后的第一篇考证之作，更是他回归国学的前提之作。

1913年秋末冬初，王国维每日帮助罗振玉整理藏书典籍，偶然发现了古代封泥拓本，对其产生了兴趣，他在潜心研究之后，参证《史记》及《汉志》（《汉书·地理志》），撰成考证秦汉地理的专著《秦郡考》和《汉郡考》两部著述。

说到王国维用新眼光看国学，就不得不提王国维运用近代天文学验证古籍记载的一个成功尝试。

那是1914年，王国维和好友罗振玉合作，展开了对"敦煌塞上及西域各地之简牍"即"流沙坠简"的考订研究并获得了成功。鲁迅是这样评价《流沙坠简》和王国维的："中国有一部《流沙坠简》，印了将有十年了。要谈国学，那才可以算一种研究国学的书。开首有一篇长序，是王国维先生作的，要谈国学，他才可以算一个研究国学的人物。”

《流沙坠简》获得了极大好评，但王国维对国学的研究之路并没有就此停步，他之后又将欧阳修等各家书中收录的钟鼎古器铭文，罗氏所藏数以千计的“三代古器”拓本，排比复勘、鉴别真伪，分别撰成《宋代金文著录表》《国朝金文著录表》《古礼器略说》以及《三代地理小记》等著述。

同年，王国维还撰写了《鬼方昆夷猃狁考》《生霸死霸考》两部著述。《鬼方昆夷猃狁考》最初名叫《古代外族考》，文中的“鬼方”“昆夷”“猃狁”其实指的都是匈奴族，王国维是近代中国第一位为探究匈奴族起源发展的学者。王国维不仅在《周易》《左传》《诗经》等先秦典籍中挖掘材料，还通过商周礼器铭文的记载来补充学识，将距今三千五百年前的匈奴族展示在人们眼前。

在《生霸死霸考》中，王国维通过考释西周金文，研究先秦古籍中记载的月相，提出了“一月四分”的著名论说，即“初吉、既生霸、既望、既死霸”，这也是王国维运用近代天文学验证古籍记载的一个成功尝试。

艰难岁月

很多人都羡慕"采菊东篱下，悠然见南山"般的"世外桃源"生活，殊不知比起诗意，摆在生活面前更加现实的是物质条件的问题。对当时的王国维来说亦是如此。流寓日本时，靠着以前的些许积蓄王国维一家过了一段"偷得浮生半日闲"的生活。

按照当时的物价，据王国维的估算，在北京全家"月用约需百金"，到了京都郊外，"月用七十元已足，惟衣服不在内"。他计算这些年的积蓄，加上上海商务印书馆支付的《宋元戏曲史》的发表费及其他著作的稿酬，认为"扣尽囊底，足支一年"。但事实是，还不到一年的时间，王国维一家的生活就有些捉襟见肘了。王国维流寓日本的艰难岁月由此才真正拉开序幕。

王国维回顾在京都数年的生活，曾说："自辛亥十月寓居京都，至是（按，1916 年 2 月初）已五度岁，实计在京都四岁余。此四年中，生活在一生中最为简单，惟学问则变化滋甚。"王国维这里所说的"简单"即有简朴而单纯的含义。

单纯，自然是指王国维始终心无旁骛，全心全意沉浸在学术海洋中，并且在学术上获得了巨大的成功。简朴，则指的是他的日常生活境况和状态。他虽然居住在日本京都郊区，但其消费水平是极其高的，所以他过得艰难、简朴。

王国维一家九口，包括结发之妻莫夫人所出三子：潜明、高明、贞明，继室潘夫人所出四子纪明、次女东明，另外还有女仆钱妈、男仆冯友。王家人口太多，人人要吃饭穿衣，加之孩子们正处于生长发育时期，还要上学读书，日子过得举步维艰。虽然有好友罗振玉等人的帮扶，但还是过得很难维。罗振玉在日本京都重新创办《国学丛刊》之后，他出任《国学丛刊》主编，虽然有了薪水，但这点收入还是杯水车薪，难以维持生计。

后来，他接受《盛京时报》发行人宫房次郎的邀请，为日本人中岛岭雄创办的中文日报《盛京时报》写"札记"，薪资"月致束修三十元"，这才能勉强维系王国维一家的日常用度。

王国维为《盛京时报》写"札记"以换取薪金的日子长达两年半，总计写了十数万字。这虽然是被生计所迫，但王国维没有丝毫敷衍之心，他所作之"札记"，学术含金量相当高。文史杂记、诗文随笔、学术专论，无论是哪一种，都具有很高的学术价值和学术品味。这份工作不仅为王国维解决了养家糊口的问题，而且还让王国维在这艰难的日子里能够巩固文学、创新学问。

但是随着日本政府在内外政策上出现重大失误导致国内经

济严重滑坡、物价飞速上涨，本来就很艰难的王国维一家人的生活也就变得更加难以为继。

据当时与王家比邻的罗氏侄女罗守巽老人写的《回忆王观堂及其一家》中说：王国维只知看书写作，将儿子的教育及家务等事都交给了夫人，自己一概不问。有一次，潘夫人跟王国维商量家事，可他手不释卷，耳若无闻，潘夫人恼怒之下差点把他的书都烧了，幸好碰上罗振玉来访才解了围。

同样囊中羞涩的还有罗振玉。日本经济下滑、物价上涨后，罗振玉一家也变得入不敷出，之前他还能帮扶一下好友王国维，但现在他自己也泥菩萨过河自身难保了。经过商议，罗振玉认为，如今国内形势渐明，局势已定，经济水平较低，生活压力不大，况且谋生也比较方便。所以罗振玉决定先将弟弟罗振常和女婿刘大绅一家人安排回国，以减轻在日本的开销用度，并且开始着手发展国内产业以补贴他们在日本的生活费用。

1915年春，在清明节即将到来之际，王国维同罗振玉决定一同回国回乡祭祖。在和大家商议之后王国维便想趁机将家人也送回去，于是一行人浩浩荡荡，大包小包地又登上了归国的轮渡。这时候大家的心情都不轻松，当初逃难一样东渡，本以为即使做不到衣锦还乡，也不至于如此狼狈地回去，另外当初离开的时候大家也没有想到会离开这么久。

虽然此番回去一切都得从头来过，不过总比这样颠沛流离的不停奔波要好得多。想到这一点，一行人对未来又有了美好的憧憬和希望。经过几天颠簸，一行人终于到达了上海码头。四年过去了，国内如今已是一番新气象，处处弥漫着"新"的气息。

回到海宁的王国维一家虽然松了一口气，但他们还没来得及感叹家乡的巨大变化就忙着寻找谋生之计。积蓄在日本就已经花得所剩无几，潘氏在带着家仆忙着整理祖屋之余开始四处找些缝缝补补的活计贴补家用。

王国维则在祭祖并安顿好家人之后，与罗振玉相约一起去甲骨文的出土地——河南安阳小屯村进行实地考察，但最后王国维因为眼病未愈未能成行，只能无奈留在上海等待罗振玉的归来。

第七章
丙辰归国——万岁千秋同寂寞

冒险家的乐园

王国维自辛亥年十月（1911 年 11 月）远赴日本京都到 1915 年春回乡祭祖，已经大致度过了四个年头。在这四年中，王国维远离喧嚣，与书为友，与家人好友为伴，悠然自得。他与罗振玉一同品评著作、研读古书、赏玩古器，度过了一生之中极为重要的学术黄金时期。

可学术上的丰足并不能掩盖生活的贫瘠。即便得到了好友罗振玉的鼎力相助，但王国维一家的日子仍然过得比较艰难。而这时，与王家比邻而居的罗振常与刘季缨两家人已经搬回上海，他们的离开牵动着王家人的思乡之情，随着王国维几个孩子的逐渐长大，孩子们的教育问题也亟待解决。因此，1915 年春天，王国维在回乡祭祖扫墓时就决定将家人留在老家海宁。他稍作休整，等到罗振玉从河南安阳小屯村考察回到上海后，只带了长子王潜明返回日本京都，暂时借居在罗振玉的"永慕园"中，并开始作了回国的打算。

1916 年春初，王国维携长子王潜明自日本京都返回上海，结束了他长达四年多的寓居日本的生活，这时距他送妻室回国已有快一年的光景了。

1916 年正值丙辰年，学术界普遍认为王国维丙辰之春的归国行为是他一生中一个非常重要的转折点，为他后半生的学术成就开启了一个新的篇章。

1915 年年底，王国维收到同乡好友邹安的来信，邀请他到上海哈同花园应聘主持"学问杂志"。

这位邀请王国维的邹安，是王国维的同乡，海宁人，字景叔，又字寿祺，号适庐，在清朝末年曾任职江都知县，同王国维一样酷爱金石古器，是著名的金石学家，著有《周金文存》等著作。

据王国维自述，他从接到邹安的信后就开始准备归国事宜，并提前将"书籍十箱"送往神户码头，于年后正月初二辞别好友罗振玉携长子潜明自京都乘车至神户候船。

王国维与王潜明于初三上午登上开往上海的"筑前丸"号轮渡，但是不幸的是，路上遇到狂风暴雨，而王国维所携带的十箱书籍"因太重，无法移置"，被放在了甲板上，虽然有油布覆盖，但是经过狂风暴雨的侵袭，最后书箱底部的书籍都被雨水浸湿了。

因为心爱的书籍受损，王国维在日记中怀着无比痛惜的心情写道："古语云：书经三写，'鲁''鱼'成'马'。"换句话说：书经三迁，竹帛为烟。大意是典籍遭受了巨大的磨难，躲过了秦始皇焚书坑儒而流传下来，本就非常不容易，而自己的这些书又被海浪侵袭，作为一个学者十分痛心。

不仅如此，王国维还担心一件大事儿，就是回国后很难再有这么多书籍供自己阅读了。书籍，是学者终身之性命所在。王国维难以想象回国后离开了京都这丰富的书籍，他该如何存活。于是临行前他从罗振玉的大云书库中带走了自己需要的很多书，同时还在京都的书店中买到了很多古籍残本，如《太平御览》《戴氏遗书》等。

尽管归国途中令人不快之事颇多，但王国维在路途中仍然不舍得荒废一丁点时间，他一直坚持读书，思考学术问题。

这次艰难的旅途历经五天，王国维父子在正月初七午后抵达上海三菱码头。昔日的邻居罗振常、妻弟范兆经以及他的好友张尧香和同学樊炳清一行人早早便在码头等候着王国维的到来。

当看到疲惫不堪的王国维和王潜明时，大家急忙帮他们安置行李，为了替他们接风洗尘，大家一起来到樊炳清家中聚餐，众学者把酒联欢，好不热闹。

1840 年鸦片战争后，上海成为首批对外开放的通商口岸，随着列强纷纷在上海设立租界，上海变成了一个纸醉金迷、商机无限、遍地黄金的城市。这个无数人趋之若鹜的地方，被称之为"冒险家的乐园"，成功者的天堂。

上文提到，王国维之所以决定回国，是因为接到了同乡好友邹安邀请他到"爱俪园"工作的信件。说到"爱俪园"，还是要从大冒险家哈同说起。

爱俪园的主人哈同是英籍的犹太人，祖籍巴格达，全名叫欧司·爱·哈同（1851年~1931年），人称"地皮大王"，是公共租界工部局的董事。

哈同的发家致富历程十分不易。他童年过得非常艰辛，之后因为不得已随父母辗转来到上海。在上海之初，他找到一份为犹太人看大门的活计，因为他吃苦耐劳、勤恳工作而受到雇主的赏识，从而得到看守鸦片仓库的"管事助手"的肥差。之后，他便开始存钱，并靠自己聪明的头脑开始投资房地产。

1884年，中法战争爆发后，上海的洋人纷纷逃离，哈同便到处筹集资金低价收购了大量房屋地产。《中法合约》签订之后，上海又恢复了"十里洋场"的状态，洋人们又返回上海，从哈同手中高价买回房屋地产，哈同也因此身价百倍，一跃成为房地产大亨。

哈同有一位美丽优雅的中法混血妻子，名叫罗俪蕤，号迦陵。"爱俪园"就是从他们夫妻二人名字中各取一字组合而成的，但是上海及周边的百姓都称"爱俪园"为哈同花园。

当时的"爱俪园"可谓声名大噪，不仅北京大学校长蔡元培到过"爱俪园"，国学大师章太炎更是在"爱俪园"内举行了一场盛大的婚礼，而且厅堂内还高高悬挂着慈禧所赐御笔"福"字，就连1911年从欧洲回国就任中华民国临时大总统的孙中山也曾经下榻于此。

哈同花园不仅是财富的象征，更是文化的聚集之地，吸引了诸多文人学士，包括"戊戌变法"的发起人康有为，词学大家朱祖谋，一代画家大师徐悲鸿，以及慕名而来的众多青铜甲骨爱好者，失意政客、落魄文人，古董收藏家等。

1909年，哈同夫妇在哈同花园内筹办了"爱国女学堂"，并聘请了大名鼎鼎的僧人黄宗仰到哈同花园内讲授佛经，接着创办了"华严大学"。1913年，罗俪蕤出资并主持刻印了1000套《大藏全经》，这不仅是文化的传承，更是后人学习和研究的导向之作。

然而，这一切貌似风雅的风光背后，实则虚伪与龌龊不堪。僧人黄宗仰在"爱俪园"时期，"爱俪园"还是文人雅士时常聚居之地，然而这一切随着黄宗仰的离开与另一个人的到来而发生了天翻地覆的变化。

故事还要从"爱俪园"的女主人、美丽的哈夫人罗俪蕤讲起。这位哈夫人信奉佛教，因此为自己取了法名叫"太隆"，甚至模仿慈禧太后老佛爷的风格，为自己取了个号，叫"慈淑老人"。

为了方便罗俪蕤学习佛教，陆续有两位僧人被她请到了"爱俪园"，第一位就是前面提到的黄宗仰。黄宗仰是一位有修养有德行的僧人，他的到来使得"爱俪园"经历过一段短暂的辉煌时期。1911年孙中山先生就任中华民国临时大总统时，黄宗仰还曾代表哈同迎接孙中山先生。

辛亥革命之后，随着年纪渐长黄宗仰开始变得不喜应酬，曾经与他要好的朋友也变得不常联系了，在这样的情况下，罗俪蕤慢慢开始厌恶他，并请了另一位僧人来到了"爱俪园"，取代了黄宗仰的地位。

这位后来居上的僧人就是姬佛陀。

此人俗姓潘，名鬷云，江苏睢宁人，据说他"追源复始"从周文王的姬姓而将自己也改姓姬，并取名觉弥，号佛陀，别署"瀛洲馆主""九鼎山人"和"如来居士"等。

此人附庸风雅好弄古董、作书画，行事乖巧，迎合有致，对于哈同的夫人罗迦陵更是倍加讨好，深得哈同夫妇信任。他费尽心思取代了黄宗仰的地位，可以全权负责主持哈同花园内的教育和文化等事务，同时他还打算玩出自己的新花样。

他根据"仓颉造字"之意，鼓动罗俪蕤将华严大学改称为"广仓学窘"，意思是积极倡导所谓的"仓学"或"仓教"，并将乌目山僧创办的"华严大学"改办为"仓圣明智大学"。

王国维就是在这个时期进入"爱俪园"的。

安放时光的尚明轩

王国维父子从日本京都回到上海后暂住在好友樊炳清家中，之后搬到了上海爱文义路大通路吴兴里 392 号居住。这是一处三开间两层楼的石库门住宅，靠罗振玉弟弟罗振常所开设的蟫隐庐书店，王国维以每月 29 块大洋的租金租赁了下来。在采买好部分家用品以后，王国维便派遣其长子前往老家海宁将家人接来。

1916 年 3 月 21 日，王国维之妻潘氏带着子女、仆人全家迁移来到上海。王国维在他的书房内定做了几件大书柜，用来安置他从日本京都带回来的十箱子书籍，一切安排妥当之后，他将其书室取名为"尚明轩"。之后很长一段时间内，王国维的学术研究都是在这里完成的。

在上海安定下来之后的王国维，即将前往"爱俪园"就职了。

此时的王国维早已不是那个名不见经传的小人物了，他在学界的地位是有目共睹。姬觉弥是一个精通事故之人，他清楚地知道，如果王国维能来任职，不仅能为他所主持的"仓圣明智大学"锦上添花，更能为他的"事业"贡献巨大的力量。

　　他先是在邹安的陪同下来到他暂住的樊炳清家中拜访，并出动了哈同的汽车接王国维去"爱俪园"参观，而且还提出要在"爱俪园"新建住宅内"留三幢一所"给王国维，并亲自"导观新造之屋，极宽大而佳"。

　　在姬佛陀的带领下，王国维参观了"爱俪园"，着实开了眼界。这世上有附庸风雅的人，竟然还有附庸风雅的园子！所谓的图书馆内都是些用来"装点门面"的书籍，到了王国维这样的大师面前瞬间显露原型，园内还有自认为摆几件丝竹管弦便可提高档次的乐器室等，不仅如此，这位姬佛陀还以一种居高临下的态度对待王国维，这一切让王国维心中觉得既可笑，又可悲。

　　对于这样趋炎附势的"小人"，王国维自然是嗤之以鼻的，他在给罗振玉的信中这样写道："其欲刊行月报，曰欲提创'苍教'（按，即'仓学'）也。而所谓苍教（苍颉之教）者，又全为荒诞不经、随口胡诌之说，虽景叔亦畏而笑之。"

　　所以，对于是否去"爱俪园"任职，王国维犹豫再三。凭借王国维的"学者人格"本应该毫不犹豫拒绝的，但是使得他犹豫的原因有二：

　　其一，这份工作是其同乡兼好友邹安给他介绍的。邹安在一年前王国维回乡祭祖之时得知好友生活的难处，所以一直尽心尽力帮其留心工作，王国维不忍好友失望；

其二，王国维在举家迁到日本之后，生活拮据、难以糊口，虽然后来归国之后有些好转，却也捉襟见肘，对于这样一份薪金高、还能做学问的工作，他并不想放弃。

犹豫不决的王国维在写信与好友罗振玉商量之后，考虑再三，才勉强同意应聘就任《学术丛编》"编辑主任"，但是却有三个前提条件：

其一，学校不得干涉由他全权负责的杂志《学术丛编》的一切事物；

其二，他拒绝担任园方的"教务长"，更不参与"仓圣明智大学"的教务；

其三，不到"爱俪园"办公，也拒绝入住姬觉弥为其在园内新建的两幢豪华住宅。

在邹安的周旋下，加之姬觉弥一心想借王国维来充当门面，所以不得不同意了他的要求。王国维这才开始着手准备《学术丛编》的事宜。他经过多方考察，又结合之前的办刊经验，拟定了《学术丛编》的办刊宗旨："专在研究古代经籍奥义及礼制本末、文字源流，以期明上古之文化，解经典之奥义，发扬古学，沾溉艺林。"同时，分设经学、小学、史学三门，并附印古书；月出一期，按门计酬，每月每门酬金五十元。眼见《学术丛编》进行得顺风顺水，姬觉弥便得寸进尺地要求王国维兼任仓圣明智大学教授，为学生讲授经学，甚至以辞退来威胁他。

碍于家庭的重担，王国维不得不以课程只能安排在上午和必须要有车辆接送为前提条件答应其要求。

姬觉弥还隔三差五地请王国维为他鉴定古器物或字画之类，这使王国维感到不胜其烦。加上姬觉弥与哈同花园主管财务关系不协调，致使每月薪水难以按时发放，这对于人口众多、家庭负担重大的王国维来说无异于雪上加霜，所以他不得不在任职《学术丛编》的同时，兼职为蒋汝藻的密韵楼藏书编写书目。

王国维在《学术丛编》上发表的文章使得他的知名度进一步得到了提高，这让姬觉弥觉得，该刊的发行非但没有得到经济收益，而且只帮王国维个人扬名，哈同夫妇对于刊物上深邃的学问著述也难以理解，所以他们一度想将《学术丛编》停刊，但又因该杂志已经在海内外引起了广泛关注，而不得不继续刊行。

当然，这期间王国维也有过辞职的冲动，但因为种种原因又继续任职。王国维在任职《学术丛编》的第一年里，即1916年，撰写了《史籀篇疏证》《释史》《周书·顾命考》《释乐次》《说周颂》《毛公鼎铭考释》《魏石经考》《汉魏博士考》《殷礼征文》《乐诗考略》《汉代古文考》和《尔雅草木虫鱼鸟兽释例》等诸多著述，为学术界作出了不朽的贡献，创造出了一个又一个的奇迹。

《史籀篇疏证》全书共两卷，分别是《叙录》和《疏证》，这部著作实际是他为《学术丛编》的"小学部"所编撰的教案，内容上取材自许慎的《说文解字》，王国维从中选取了二百二十三个常用字，并一一展开说明，做了详细的解释，方便学生学习。

《毛公鼎考释》是研究先秦时期钟鼎文字数最多的著作。《汉魏博士考》是在张金吾所著《两汉五经博士考》的基础上所作的，全书共三卷，内容上对张金吾著作中的错误进行勘正，同时加入了王国维自己的观点，是第一部研究中国古代学制的著作。

王国维在编写《学术丛编》的这两年中，所创造的学术著作颇丰，远胜于他寓居日本京都的学术成果。

姬佛陀本想借王国维之名来壮大自己的实力，然而无奈其水平太差，王国维发表在《学术丛编》上的著作他一概不懂，于是他便心生诡计。就在《学术丛编》被学者们争相追捧、日益繁荣之时，姬佛陀开始刁难王国维。先是不批经费，导致《学术丛编》无法如期出版，接着，他大肆向外界宣扬王国维主编《学术丛编》并不是为了发展学术、交流学术，而是为了使自己扬名天下。

面对如此无礼的刁难，王国维的老乡邹安看不下去了，替王国维辩解道："人家得名久矣，何待办此杂志来扬名？"愤怒之余，邹安辞去了《学术丛编》编辑主任的职务，让位给这位致力于发扬"仓教"的文盲。

王国维对这位姬姓佛陀深感无奈，当然也觉得自己实在是无法再与这样的人共事，既然邹安已经辞职，那么自己更应该另谋出路。然而，姬佛陀在得知邹安与王国维都要辞职后，生怕惹来哈同夫妇的责骂，便立马换了一副嘴脸，恳求两人不要辞职。

此后姬佛陀收敛了许多，王国维便依旧在此编写着他的《学术丛编》。这期间他在甲骨文的研究上也取得了很大的成绩。

早在日本时期，王国维就同罗振玉一起研究甲骨文。

1915 年，王国维的终身挚友罗振玉以家藏的大量甲骨文片、图书资料、古器物及其拓片可以利用者等为基础，精心编写成了《殷墟书契考释》（分为前编与后编）。成书之后，罗振玉将它交给王国维，请王国维为其作序并且手写付印。

王国维当时正在读《山海经》《竹书纪年》，他通过对古籍《世本》《楚辞·天问》《吕氏春秋》《史记·殷本纪》《三代世表》以及《汉书·古今人表》相关记载的深入研究，初步断定罗振玉《殷墟书契考释》中所提到的王亥为殷之先公，并随之作了一篇《王亥》，将其发表在《异文杂志》上。

接着，王国维在日本好友内藤博士虎次郎的启发下更进一步地认识到了从甲骨文的卜辞当中考证出商代先公先王姓名及其前后顺序，以此来证实历史记载的商代帝王世系的可靠方式，具有极高的历史研究意义。

于是，王国维便将自己学术研究的主要精力转向了甲骨文、钟鼎文以及音韵学、训诂学等方面，广泛地搜集材料，仔细研读了一系列古文献中有关商代先公先王的记述，加之他自身所具备的扎实的古文字功底以及相关学科的基础，终于在1917年2月编写而成了一篇《殷卜辞中所见先公先王考》，并于同年4月时进一步扩展其研究成果，补充内容编写成了《殷卜辞中所见先公先王续考》。

在《殷卜辞中所见先公先王考》一文中，王国维详细地讲述了他是如何通过甲骨文中卜辞的考究与古代有关殷商时期的记录——《山海经》《竹书纪年》《楚辞·天问》和《史记》等书记载——作了细致的比较后所了解到的有殷商关王亥和王恒的事迹。

在这篇文章中，王国维在考究同一件事情时选择从众多古书中的多个记录与甲骨文卜辞的记录进行精细的比较，从而逐渐挖掘出殷商先王王亥和王恒的事迹。

例如：《大荒东经》有言曰："有困民国，勾姓而食，有人曰王亥，两手操鸟，方食其头，王亥托于有易、河伯仆牛，有易杀王亥，取仆牛。"郭璞注引《竹书》曰："殷王子亥，宾于有易而淫焉，有易之君绵臣杀而放之。是故殷主甲微假师于河伯以伐有易，克之，遂杀其君绵臣也。"今本《竹书纪年》：

"帝泄十二年，殷侯子亥宾于有易，有易杀而放之。十六年，殷侯微以河伯之师伐有易，杀其君绵臣。"是《山海经》之王亥。他将地下所得的材料甲骨文同纸上的材料中国历史古籍对比来研究，用卜辞补正了书本记载的错误，得出崭新的结论。这也就是王国维所提出的"二重证据法"，即以地下的材料与纸上的材料相比较来还原考证古史的真相，从而得到更为准确的结论。

王国维在这篇文章中特别提到了通假字对古史研究的影响。在进行对王亥的考究时，王国维发现，单单是一个王亥的"亥"字便有"核""振""垓"等多种写法（原文引述：《索隐》"振《系本》作核。"《汉书·古今人表》作垓。然则《史记》之振，当为核或为核字之也）。

又如有易这个人名中的"易"字也有"易""崵"这两种写法。虽然通假字免不了会对人物的考究产生影响，但是王国维通过对甲骨文卜辞的研究确切地证明了"王亥"这个人物"其人则确非虚构，古代传说存于周秦之间者，非绝无根据也"。在这里，王国维所运用的"二重证据法"与顾颉刚研究古史的方法非常相似，同样是利用了将证据进行比较而得出历史真相的方式。

王国维通过对甲骨文卜辞的研究，明确地告诉世人，来自于久远年代的历史材料对研究历史有着十分重要的意义。正是因为这一点，傅斯年才把"扩张研究的材料"作为历史语言研究所的第二个宗旨。

"二重证据法"是王国维所创造的历史研究方法，他不像以前的学者们仅仅利用文献或经书来对中国的历史进行研究，这个方法在当时是极富创造性并且超出了时代限制的。正是由于历史文物在考证文献时所具有的独特的重要作用，历史文物在今天的历史与研究中才被提升到一个十分重要的地位上来。也正因为如此，王国维才提出历史研究的材料不应仅仅局限在古书，也应该把文物古器纳入历史的研究的材料范围中来。

另外，历史研究不仅仅是历史这门单一学科的事情。所谓文史哲不分家，王国维在《殷卜辞中所见先公先王考》中就清楚地指出了历史古籍的记录中存在着不少的通假字。如果研究者不知道这些通假字的各个含义或只是对它一知半解，那便不可能准确地还原历史记录的真相，也就不会有什么新的发现了。

不仅如此，如果研究者没有一定的相关专业水准，更是无法将众多古籍著作中不同的描述联系起来进行比较而得出真相的。而王国维正是一个学识广博、专业水平相当扎实的学者，他的研究覆盖面极广，文学、史学、音韵学、训诂学无一不精通，也正是因为如此，王国维才能在甲骨文研究中取得重大的成就，为后世的学者研究甲骨文提供了很大的便利。

迎面而来的新文化大潮

1916 年初，王国维结束了长达五年的日本"流寓"生活，携长子王潜明回到上海，并于哈同花园任职。但这一年注定事多，王国维亲眼目睹了自己心念的王朝的整个灭亡起伏过程，而这一切又绕不开两个人物，一个是袁世凯，另一个则是张勋。

说起袁世凯，现在的人对他最熟悉的便就是他那短暂的复辟帝制。但实际上，除去他那段荒诞的称帝经历外，袁世凯也算得上是一位政治革新人物，更曾为北洋军阀的领袖。也正是他的这一身份，让他得以和当时的民国临时大总统孙中山先生共商国计，并更以此为要挟，逼迫孙中山让出总统之位，由他接任。随后，他便抛却初衷，公然宣布复辟，企图牢牢攥住自己手里的政权。

1915 年 12 月，袁世凯自称皇帝，改国号为中华帝国，建元洪宪，史称"洪宪帝制"。

但此时时代早已变化，不再是之前被君臣思想禁锢了数千年的封建年代。在西学东渐的大环境背景下，在宪政大获人心、如火如荼展开之际，他的这一行径无异于掘墓自焚。为了坐稳屁股底下的宝座，他甚至不惜承认丧权辱国的《二十一条》和发动第二次革命镇压。当时，不管是政客工人，还是学者学生，乃至贩夫走卒，无不对袁世凯的倒行逆施激愤无比，甚至有人恨不能活剥其筋骨，生啖其肉。在所有讨伐袁世凯的运动中，又以护国运动最为激烈和显著，最终袁世凯不得不在做了83天皇帝之后宣布取消帝制。

张勋也是帝制的拥护者，但与袁世凯不同的是，他并没有选择自己登基为帝，而是将已经退位的清朝末代皇帝溥仪推到了台前。1917年7月1日，袁世凯去世一年后，小皇帝溥仪在张勋的拥护中，在前朝官员的三叩九拜中，在吹吹打打的热闹中再次登基了。但仅仅12天后，张勋复辟就宣告失败了。

张勋（1854年～1923年），原名张和，清朝末年曾经担任过甘肃、云南和江南等地的提督。后来，随着国民革命在中国的兴起，他成为了领导中国早期北洋军阀的势力之一。

或许是心中封建忠君观念太深，他并没有像其他的北洋军阀首领一样，剪辫留发，反而从始至终都留着自己的辫子。故而，张勋又被人称之为"辫帅"。实际上在清朝灭亡后，不愿意剪辫留发的人并不仅仅只是张勋一人，先不说忠于前朝的官员或者依旧心存幻想的前朝皇室宗族中人，即使是在民间也是大有人在，至少，王国维就不愿因此而剪去自己的辫子。终其一身，那条辫子都一直跟随着他，仿佛是一个时代的烙印，深深地镌刻在历史的画面当中。

复辟失败后，溥仪为了躲避以段祺瑞为首的皖系军阀的通缉追捕，躲进了天津的德租界，而始作俑者张勋仓皇之中躲进了荷兰驻中国的大使馆。于是，一场轰轰烈烈的"复辟"就在各方的注目下，成了草草收场的闹剧。

或许是接连出现的复辟在致力于推动民国宪政的革命有志之士心中拉响了警报，他们为了更广泛地推动历史潮流向前发展，在恢复民国年号之时强制性地要求剪辫，并在全国发布通告，对那些不听从命令、执意留辫的人直接以拥护帝制、反对民主为名予以逮捕。一时间，举国上下，惶惶不可终日。

王国维就是剪辫子潮流中的部分不从者，究其原因不仅仅是因为他们留恋旧朝，还有可能是他们从小受"身体发肤，受之父母，不可损坏"之观念的影响。为了安全，他只得减少外出，他在写给罗振玉的信中这样写道："以后便宜简出，恐招意外之侮辱也。"

1918 年，哈同夫妇决定将王国维负责的《学术丛编》停办，改聘他担任"仓圣明智大学"的教授。这时候的王国维既为国家未来担忧，也为自己的前途担忧。

1919 年初，第一次世界大战的战胜国在巴黎近郊的凡尔赛宫召开了战后和平会议。在会上，中国代表团最初提出的取消列强在华特权并希望废除中日《二十一条》等不平等条约的要求均被无理否决，最后巴黎和会的会议决定竟将德国在中国山东所攫取的一切权益转由日本接管。

此消息一出，国内一片哗然。1919 年 5 月 4 日，在古都北京爆发了一场轰轰烈烈的反帝爱国群众运动，并迅速席卷全国，各界民众同仇敌忾，共同奏起一曲浩气长存的时代壮歌。这一天，以北京大学为首的十几所京都高校的三千余名的学生源源不断地聚集到了天安门广场。这些热血青年们，怀揣着一颗真诚炽热的爱国之心，高声地喊出了"外争国权，内惩国贼"以及"废除二十一条"和"还我青岛"等口号。这批热血的爱国学生，拉开了轰轰烈烈的"五四运动"的序幕。

在这次的运动中，这些积极参与集会的高校学生，先是请愿，请愿未果后便义愤填膺地痛打了亲日派官员章宗祥一顿，而这也直接导致了 32 名涉事学生的被捕。虽然后来迫于各方压力，学生被安然释放，但本次运动的目的却未能顺利实现。

随着事态的升级，事件也不断地发酵，当局和学生间的矛盾冲突越来越紧张尖锐，6 月 4 日，八百余名学生被捕，这引发了新一轮的大规模抗议活动。6 月 5 日，上海工人开始大规模罢工，以响应学生。到 6 月 9 日，上海参与罢工的工人总数前后约有六七万人。上海工人罢工迅速波及各地，京汉铁路长辛店工人、京奉铁路工人及九江工人都举行罢工和示威游行，自此，运动的主力也由北京转向了上海。

工人的罢工，迅速给当局的北洋政府带来了巨大的压力。最终，北洋政府不得不妥协，放出被捕学生，罢免亲日派官员，并拒绝在和约上签字。

"五四运动"过后，中国进入了一个全然的境地，各种新文化开始催生并蓬勃发展，尤其那些已经接受了新文化洗礼的知识分子，纷纷开始摆脱束缚在自己身上的旧框架和教条。

与此同时，俄国"十月革命"胜利的消息传到中国，中国的一部分先进知识分子敏锐地意识到了这对中国未来发展可能带来的翻天覆地的变化。因此，开始纷纷对其展开具体的细致研究。

在这种热烈的氛围之下，很快就爆发了一股新学的思潮，其传播和发展之迅速，令人惊讶，几乎在最短的时间内就抢占了全国各大报纸的头条，就连王国维所在的"爱俪园"所创办的"仓圣明智大学"也受到了冲击，不得不停课。

这时的王国维也跟北京大学联系在了一起。王国维在"爱俪园"任职期间，不停接到其他大学的聘任邀请，远有日本的京都大学，近有南京的东南大学，另外也包括了蔡元培任校长的北京大学。"爱俪园"停办之后，王国维被北京大学"三顾茅庐"的精神所感动，最终应允前往任职。

其实确切说起来，北京大学为了聘请王国维可谓"五顾茅庐"。北京大学的前身是京师大学堂，于 1898 年创建。早在王国维出任通州师范学堂之前，京师大学堂就曾对他发出了任职邀请函，只是被王国维婉拒了。京师大学堂更名后，1917 年，蔡元培出任校长，在他走马上任半年之后，于同年 9 月 2 日，就请马衡，即王国维的同乡给王国维发出了第一封邀请信。但是这时候的王国维潜心于甲骨文的研究，并且其甲骨文里程碑之作《殷周制度论》即将完工，所以婉拒了他的邀请。

但蔡元培并没有放弃，四个月之后他再次请马衡向王国维发出了第二封邀请信。1918 年 6 月 25 号，北京大学第三次向王国维发出了邀请。然而都被王国维拒绝了。1919 年 4 月，罗振玉从日本回国，并定居天津法租界。罗王两家喜结秦晋之好。1919 年，"五四运动"之后，蔡元培辞职离京，又于同年 9 月 12 日复职。虽然这中间出现了点小插曲，但蔡元培对于聘请王国维的事始终没有放弃。

于是这年年底蔡元培委任当时已经在北京大学任职的马衡前去邀请罗振玉，并想通过罗振玉邀请到王国维。罗振玉对于北京大学考古学教授并不感兴趣，不过他虽然没有接受北京大学的聘请，却当着马衡的面向王国维写了一封"诚劝"其应聘的信件。虽然马衡前脚刚走，他又紧接着写了一封声明，表示自己给马衡写的劝谏信并非本意，还婉言希望王国维拒绝。结果可想而知，王国维又一次婉拒了北大的邀请。

　　1920 年，蔡元培锲而不舍地给王国维抛出了第五次橄榄枝。这一次，为了能够成功聘请到王国维，北京大学不仅先由马衡发出邀请信，之后又由北京大学教授张尔田当面邀请，并说明考虑到王国维的实际情况，改北上进京教授为坐镇上海实施书信方式的远程指导就可以了。

　　对于北京大学的诚意，王国维早就看在眼里，记在心上了，只是他一直被各种各样的事所牵绊才没有答应罢了。这次，王国维在处理好各种事宜并得知罗振玉也同意任职后，拒绝了北京大学所送来的"两百金"，同意前往任职。王国维这一"拒金"行为，表现了他高风亮节的学人骨气。不过 8 月份，北京大学再次为王国维送来两百金和书信：

　　"本校现正组织《国学季刊》，须赖静安先生指导处正多，又研究所国学门下半年拟恳静安先生提示一二题目，俾研究生通信请业，校中每月送百金，仅供邮资而已，不是言束。尚望吾兄婉达此意于静安先生，请其俯允北大同人欢迎之微忱，赐予收纳，不胜盼荷。顷晤蔡子民（即蔡元培）先生，言及此事，子民先生主张亦与弟同，并嘱吾兄致意于静安先生。"

　　信中深刻地表达了北京大学的诚意，并且对这两百金的用处做了说明。面对北京大学的良苦用心，王国维实在无法拒绝。

《观堂集林》背后

1921 年春夏间，王国维将他的新著旧述选择并编成文集，取名为《观堂集林》。其收录著作的时间跨度整十年，王国维对 1912 年到 1921 年这十年里的所有著述进行了认真的自我鉴定，以"删繁挹华"的选编方式进行了一定的"再创作"，在内容的选择上也是相当严格，正如后来赵万里在《王静安先生年谱》说的："先生之辑《集林》也，去取至严，凡一切酬应之作，及少作之无关宏旨者，悉淘去不存。"

《观堂集林》的问世，标志着王国维在学术上取得的最辉煌的成就，也为中国学术研究开辟了新的里程。

《观堂集林》里的著述内容主要涉及殷墟卜辞、两周金文、战国文字、西域汉简、汉魏石经、敦煌文书、铜器定名、三代地理、殷周礼制、古文源流、字书韵书、版本校勘、西北史地等十三个方面。《观堂集林》所选择的著述都是王国维呕心沥血所创作的，每一篇都是不刊之论。王国维在"爱俪园"任职期间为了补贴家用曾经为蒋汝藻编撰书目，之后两人有了君子之交，《观堂集林》也是蒋汝藻帮忙印行并为之作序，他说此书"才厚数寸，在近世诸家中著书不为多，然新得之多未有如君书者也"。

王国维在著述的写作方式上也不一样，根据他不同时期的不同生活方式和所接受的学术不同，他所写作的文章著述和研究也不一样。正如陈寅恪所说，他早年的文学研究主要"取外来之观念与固有之材料互相参证"。那时候的他刚刚接受到西方哲学，并对叔本华及康德的哲学颇有研究，所以在学术研究上有这一特点；他晚年致力于西北史地，所以又有"取异族之故书与吾国之旧籍互相补正"这一说法。但总的来说，他的著述研究都有一个共同之处，那就是"取地下之实物与纸上之遗文互相释证"。

1917 年秋冬交替之际，王国维将他在日本京都期间所撰《宋代金文著录表》《国朝金文著录表》《流沙坠简》等著述及返沪两年内所撰《史籀篇疏证》《松江本急就篇》《毛公鼎考释》《周代金石文韵读》《竹书纪年》的疏证和其他古文字音韵学的考论，还有此时刚问世的《殷卜辞中所见先公先王考》及《续考》等，一起选编成集，并取名为《永观堂海内外杂文集》，共收文五十七篇，分上、下卷，后来又编入《广仓学窘丛书》。这是自《静庵文集》刊行以后，他自编的第二部文集。

王国维去世后，罗振玉刊印《遗书》，据其生前手定《观堂集林》补编目录，补入了嗣后数年（1921 年～ 1927 年）的主要论著。这就是现行《观堂集林》（增订本）二十四卷。

那么《观堂集林》的名字又有什么缘由呢？

王国维初名国桢，初号礼堂，晚号观堂，又号永观，谥忠悫。早在清代及清代以前就有学者称号为"礼堂"或"观堂"，但王国维仍以"观堂""礼堂"为号。有人说这是他希望自己能像前人学者一样能够著书立说，在学术上能够有所成就，所以才不忌讳前人。故而，王国维将自己的十年选编所汇之集起名为《观堂集林》。

王国维的《观堂集林》自 1921 年编定后，由蒋汝藻以聚珍版刊行，于 1923 年底才告印成，历时两年半之久。其刊印的纸张良好，印工精美，不仅深受阅读者喜欢，而且极具收藏价值。为此不得不提一提这个蒋汝藻。

蒋汝藻，1877 年出生于离海宁不远、以"藏书之乡"著称的浙江乌程（今湖州），清光绪末举人，藏书家。作为蒋氏"传书堂"的传人，蒋汝藻与另一位来自乌程刘氏"嘉业堂"的传人刘承干（翰怡），皆以藏书世家闻名于上海。

蒋汝藻是清朝末年的举人，曾在朝为官。辛亥革命之后，他弃官从商，从事海上经营和商贸活动，收入颇丰。只是好景不长，1925 年，蒋氏经商惨败，实业破产，不得不将其一生收藏连同祖传的藏书抵押。蒋汝藻"文人下海"，失败也不意外，有过成功更是实属不易。

　　说来也是缘分，蒋汝藻与王国维有着众多相同之处，用王国维自己的话来说，有"三同"，即"生同岁，同籍浙西，宣统之初又同官学部"。不过，他俩虽"同官"，却并不相识。两人真正相识于 1919 年，那时蒋氏以"月修五十元"聘请王国维为其藏书编目作序，之后二人才交往密切起来。

　　王国维十分赞赏蒋汝藻为后世"传书"的这份可贵的精神，为了支持好友，王国维毅然决然同意为其编写藏书志。王国维凭借其超凡的学术能力为蒋汝藻著书，历时四年半，于 1923 秋终于撰成《乌程蒋氏传书堂藏书志》，亦名《密韵楼藏书志》。这也才有了后来蒋汝藻为王国维的《观堂集林》作序这一来由。

第八章
换了人间——野渡空船荡夕阳

走入"南书房"

1919 年 4 月，罗振玉从日本回到上海，5 月，他的第三个女儿罗孝纯跟王国维的长子王潜明完婚，之后罗振玉便北上定居在了天津英租界，结束了他长达 10 年之久的日本流寓生活。

这时候，由于受到新文化大潮的影响，王国维所任职的"爱俪园"学校遭到了解散，加之王国维的脚疾又犯了，便一直赋闲在家。不久他接到好友兼亲家罗振玉邀请他到天津养病的信函后，欣然应允。到达天津后的王国维一边治病，一边研究学问，并在罗振玉的引荐之下认识了升允。

升允，出生于 1858 年，字吉甫，号素庵，又号素存，蒙古镶蓝旗人，曾任清闽浙总督、陕西总督等显赫职位，还是一位学养深厚的金石学家，被罗振玉称为"素帅"。

罗振玉与升允的相识还要从日本说起。那时候，溥仪被逼退位，大清朝刚刚灭亡，升允作为满清朝廷的达官显贵，始终积极地谋求复辟，为此于 1913 年前往日本谋求外援。升允在日多方活动，声望渐高，就连流寓日本的罗振玉也前去他所居住的"中野别墅"拜望，两人因此结下了深厚的友谊。当清朝遗老张勋复辟失败逃居上海荷兰使馆后，他便潜往天津租界寓居。在得知罗振玉搬过来后，二人又常常聚在一起，关系更甚。

罗振玉将王国维介绍给了升允，升允对王国维大为欣赏，后来便在溥仪面前极力推荐王国维。1923 年 4 月 16 日，逊帝溥仪在紫禁城里降下了一道"谕旨"："杨钟羲、景方昶、温肃、王国维，均着在南书房行走。"

南书房设立于清康熙十六年（1677 年），光绪二十四年（1898年）撤销，是清朝皇帝文学侍从值班的地方。清代士人视之为清要之地，能入则以为荣。起初，康熙皇帝为了方便自己与翰林院词臣们吟诗作画，谈论古今，研究学问，便在乾清宫西南角特意开辟出一块地方，起名为"南书房"。选好地点后，康熙皇帝便在翰林等官员中，"择词臣才品兼优者"调入南书房，称为"南书房行走"。这些被调入南书房的官员主要任务就是陪伴皇帝赋诗撰文，写字作画，有时还需要秉承皇帝的旨意起草诏令，"撰述谕旨"。

由于南书房"非崇班贵檩、上所亲信者不得入"，所以它完全是一个直接效忠于皇帝，并受到皇帝严密控制的核心机要机构。因为南书房的官员可以时常陪伴在王朝最高统治者左右，难免成为别人羡慕与争相巴结的对象。这也使得南书房"权势日崇"。事实上，建立南书房，并有意提高其地位，是康熙皇帝削弱议政王大臣会议权力，同时将外朝内阁的某些职能移归内廷的一项手段，是康熙皇帝实施高度集权的重要步骤。

康熙皇帝亲政后，朝廷的权力深受议政王大臣会议的限制，国家大事需经过议政王大臣会议，而这些满洲王公贵族凭借其地位较高，便时常提出令皇帝为难的意见，这一切是年少有为、雄才大略的康熙皇帝所不能忍受的。

同时，所谓的内阁名义上虽然是国家最高政务机构，控制着外朝的权力，但实际上内阁的掌控权并不完全在皇帝的手中。康熙皇帝为了把国家大权严密地控制在自己手中，决定建立南书房，并以此为契机，逐步将国家大全掌握在自己的手中。

到了雍正时期，因建立了军机处，军机大事都归军机处办理，南书房的官员们不得再参与机务，它的地位才不如往昔那般炙手可热。但是，由于南书房的官员依旧可以时常见到皇帝，因此仍具有一定地位。

南书房自建立起直至光绪二十四年（1898年）撤销，因能接近皇帝，对于皇帝的决策，特别是对官员的升迁罢黜有一定影响力，故而，在南书房当差的官员地位虽然不够显赫，但是颇受其他同僚的敬重。

因此，溥仪皇帝的这道"谕旨"对于王国维来说简直就是天大的好事。并非科举出身的他既不是进士，也不是翰林，而其他三位入职者都是进士出身，自己能入选如同天上掉馅饼一样，他自然备感荣幸。

虽然此时的大清朝早已灭亡，所谓的朝廷不过是废帝溥仪和少数遗老所苦苦支撑的小朝廷，但是王国维一行人被入选其中还是非常高兴。皇制已废，可是心中积压的对于皇权的崇拜却久久难以褪去。皇帝始终是士大夫们世世代代竞相追随、立志敬忠的主子，能入朝为官素来被人们看作是光宗耀祖的大事。

在收到任职电讯之后，王国维花了四十多天时间才准备好入京事宜。接到溥仪帝的诏书，他诚惶诚恐。虽然他曾经在学部任过"编译"一职，但终究是非官非吏，所以他不仅有很多事情需要向有过从官经历的好友蒋汝藻讨教，甚至连官服朝服的行头也是从蒋汝藻那里借的。而王国维迟迟不来，好友罗振玉显然更为着急，他不仅提前给王国维制定好了两枚印章，一枚公印，一枚私印，而且还写了五六封信催促其北上进京。

一切准备妥当之后，王国维于 5 月 28 号先抵达天津，在罗振玉的陪同下拜访了举荐他入职南书房的素相和奉新二人，并于 5 月 31 号进京入紫禁城叩谢"皇恩"，觐见溥仪。之后，他便正式"行走"南书房了。

因其才学甚佳，王国维任职南书房行走不久便得到了溥仪的欣赏，1923 年 7 月 14 日，溥仪"降旨"王国维"着加恩赏给五品衔并赏食五品俸"。这也是王国维第一次做官做到这么高的职位。

官居五品的王国维在俸禄上也涨了不少，以至于他在养家糊口之余还有多余的钱在位于地安门内织染局 10 号租一处宽敞的四合院。按照王国维自己的话来说："有房二十余间，上房及厢均甚高敞。"不仅如此，这个地方还与北大教授马幼渔比邻。马幼渔是王国维老友的兄弟，早在北京大学任职时两人就是同事，并常常讨论学问，这下子两家比邻，更为二人互借藏书提供了方便。王国维在租好房屋以后便将家人从上海接了过来。

王国维在任职"南书房行走"之初还激动不已，但慢慢的他就发现，每日"入职"，但并无所事。这也不奇怪，本就是一个苟延残喘的朝廷，甚至都无法称之为一个朝廷，能有什么事儿让王国维这样一个"五品官员"去做呢？

历史上为国尽忠、力挽狂澜的贤臣事迹颇多，想必此时的王国维也是热血沸腾，想在这样一个乱世中为国家效力，为君主尽忠。然而，他永远不会有这个机会了。

王国维在写给蒋汝藻的信中抱怨说他来京数月，精力尽耗在无谓的应酬上了，"最不能书，然已书扇面二三十，此亦无法之事也"。这种情况持续到中秋过后，他奉"旨"去"景阳宫检书"。这个差事使得他可以看到宫中书籍、文物等"秘藏"，比起之前的无所事事，这才是他想要的"实差"。

王国维入南书房之后，虽说无所事事，但却一直"皇恩有加"，

"官运亨通"。1924 年 1 月 7 日，溥仪鉴于王国维等人工作卓有成效而再降"谕旨"予以褒奖："杨钟羲、景方昶、王国维等均着在紫禁城内骑马。"

所谓紫禁城内骑马，在古时又被称之为"赏朝马"，这是一种无上的光荣。大家都知道，紫禁城乃是皇帝的居所和办公所在。对于寻常人等，就是禁区重地，就连走路都得脚步放轻，小心翼翼，更遑论骑马，简直是想都不要想。

明朝时，从来没有过官员可以在紫禁城内骑马的恩典。只有到了清初才开始有这一恩赐,而就算是被赐予"紫禁城内骑马"这一荣誉者，也往往局限在皇室宗亲或者郡王之列，一般官员几乎只能妄想而已。

实际上，清朝的官员觐见皇帝，必须得在宣武门下马，然后等待宣召，步行去见皇帝。如果是皇室宗亲，则在神武门下马，同样要待宣召后步行去见皇帝。因此，在宣武门和神武门处均立着一个石碑，上书"下马碑"三个大字。非皇帝下诏或者授意，无论是谁，行至此处都必须下马步行，不得再骑行一步，否则后果不堪设想。

只是到了清康熙年间，情况才开始有所变化。许是为了体现自己的恩德，康熙准许那些年纪较大且行动不甚方便、官阶又比较高的官员可以过宣武门而不用下马，可以在紫金城内骑马走动。

之后乾隆沿袭了这种对于大臣的恩赐，但是，他稍微作了一些改动。满清贵族可以不用申请便能在紫禁城内骑马，比如那些贝勒、阿哥，便可以享此殊荣。其他人除了一品大员和年满六十的侍郎，都只能望而兴叹，空留羡慕而已。

不过，到了清末咸丰与同治年间，官居侍郎或军机大臣之列者，均可以获得这一特殊恩赐。但上述两种官阶王国维显然都没有达到。因此，当溥仪准许其可以在紫禁城内骑马行走之时，王国维心中的激动兴奋可想而知。这意味着皇权对个人身份与权势的肯定。但其实也不尽然。在封建王朝鼎盛时期，天子的权利神圣不可侵犯，而此时这个小朝廷，早已没有尊严可言，溥仪为了笼络仅有的这几位官员，什么样的赏赐不可呢？

即使如此，这项恩赐对知识分子们来说也是莫大的荣耀。这份"皇恩"，使得王国维等人对于清王朝的眷恋之情又更进了一步，对于皇家的这份殊荣，王国维更加坚定了忠君报国之心，他自谓："糜太官之厚禄，荷席前之殊荣。中夜彷徨，罔知报称。"

为解紫禁城面临的内忧外患，王国维上折子"敬陈""管见"。他所陈"管见"，归根到底包括两点：一陈西政之害，二论西学之弊。但由于其只是"官居五品"，他的折子被"太傅"陈宝琛以"内廷者遇事面陈，不必具折"为由"阻勿上"，因此没有及时被溥仪看到，直到后来一次偶然的机会该"管见"才得以面圣。

看不见的硝烟战火

1923 年 9 月 12 日张勋病死天津。他的死可谓轰动一时。对于张勋，大家并不陌生，1916 年袁世凯窃国称帝失败，1917 年张勋拥立溥仪重登大位，企图复辟帝制。在他死后，前清"遗老"纷纷前来吊唁，就连当时势力最强的北洋军阀政府的相关官员也是纷至沓来，更不要说其他人员了，据说当时悼念他的挽联挽词多达 3100 幅。

张勋过世五天之后，即 17 日，追悼会更是迎来了逊帝溥仪的亲临，他还颁布了赐予张勋"三赏"的谕旨：赏给陀罗经被，赏银三千元治丧，赏其长子张梦潮"乾清门头等侍卫"。一年后，根据张勋遗愿，后人将他归葬老家奉新，为此溥仪还下旨追谥张勋"忠武"，还命王国维代为拟写《谕葬张勋碑文》。

这个任务对于王国维来说并不难，毕竟他之前写过《颐和园词》这样的大笔之作。况且王国维和张勋虽然不相识，但对于张勋，王国维早有耳闻，还称其为清"三百年来乃得此人，庶足饰此历史"的"大英雄"，但是写作《谕葬张勋碑文》却让他万分为难，原因有两点：

其一是王国维认为张勋虽然曾经试图复辟，但私念太重。在袁世凯窃国称帝失败后，张勋便带头拥立溥仪重登大位，企图复辟帝制，重兴大清王朝。可在拥立溥仪上位后，他想将自己八岁的女儿册立为溥仪的"贵妃"，当然他的这一愿望随着帝制的"七日而终"未能得逞。

还有就是，张勋当年其实曾为袁世凯效力，这也让王国维觉得文章不好写。他在写给罗振玉的信中写道："我辈此次立言，须泯去痕迹，方为有效""论人固不可，论事亦着形迹，故以论心为要"。

其二就是关于当时的朝廷内部党派之争的。在这里不得不提一个人，那就是段祺瑞。段祺瑞在任中华民国临时大总统时曾经致电讨伐"辫子兵"张勋，并亲任"讨逆军总司令"攻打北京，威迫溥仪再次"退位"。

满清这个小朝廷想要在北京立足甚至恢复以前的势力，就不得不多巴结巴结当时这位被称为"北洋三杰"的能人。所以王国维在代溥仪小皇帝写《谕葬张勋碑文》时就需要避重就轻，即要大力歌颂张勋的功绩，又需要对段氏这一事宜闭口不提。因为像段祺瑞这样的人都比较忌讳别人翻他的旧账的，更何况是在这样一个关键时期。

王国维在《谕葬张勋碑文》的写作上面临着重重困难，但是对于这篇碑文的创作，他还是呕心沥血的，他不仅将张勋对清朝廷的贡献及对皇权的愚忠作出了清晰而详细的论述，而且还还原了当年所谓的"复辟"事实。这一点，就连辛亥革命的发起人孙中山先生也颇为赞同，他说"张勋强求复逆，亦属愚忠，叛国之罪当诛，恋主之情可悯"。

但是，这篇"忠武碑文"最后并没有被溥仪采纳，原因有二：一是，这篇碑文过于夸饰，落得了个"阿谀奉承"之名；二是，当时王国维之所以能代皇帝作此碑文，得益于罗振玉与升允的大力争取，所以这篇碑文不仅是悼念张勋的，更是为升允、罗振玉向溥仪邀宠而"立言"。

溥仪的岳父荣源曾在和王国维的谈话中提到了罗氏在内廷"挑拨"结党，企图拥"素老"（升允）出来把持小朝廷。王国维这才意识到他其实是被好友利用了，所以他马上决定找一个缘由请假在家休养，从"得请之后，拟仍居挚毅，闭门授徒以自给，亦不应学校之请，则心安理得矣"。从这几句话中我们可以看出，王国维并不想参与到升、罗阵营跟朝廷的内讧中去。

王国维生怕自己卷入升、罗的"朋党"之中，深感溥仪小朝廷内相互争夺倾轧，是个"恶浊界"。他的行为在罗振玉看来很不够意思，二人也因此产生了嫌隙。

说到王国维同罗振玉两人的嫌隙，其实早在之前的几件事情中就已经产生了。第一件事是《殷墟卜辞综述》的买稿风波，虽然后来证实这是罗振玉自己写的，但二人却早生嫌隙。第二件事是罗振玉在得知王国维欲将其所作的《观堂集林》敬献给溥仪之时，曾希望他将自己的《殷虚书契前编》《殷虚书契后编》和《殷虚书契考释》等著述一并代呈。但是王国维因不愿陷入罗振玉与郑孝胥等遗老之间的纷争中而婉言推拒，罗振玉一气之下便找人将其作品带了回去。第三件事是，罗振玉与升允等人之所以力荐王国维为"南书房行走"，是打着希望王国维能够替他们监视溥仪言行的算盘的，但显然王国维并没有向他们事事报告，所以引发了罗振玉的越发不满。

但比起与罗振玉之间的嫌隙，此时发生的一件大事，彻底终结了王国维的为官生涯。

1924 年 10 月 23 日，冯玉祥转身投向孙中山所领导的南方革命党，率"国民军"进抵北京，发动了包围"总统"官邸、幽禁曹锟的"北京政变"，并于 11 月 5 日"逼宫"，向溥仪宣布《修正清室优待条件》，"大清皇帝自即日起永远废除皇帝尊号"，让他"即日移出宫禁"。

溥仪等人惊慌失措之余不得不狼狈出宫，当时官居五品的王国维自然是随废帝撤出紫禁城，从而结束了他仅有的一年半在紫禁城的"骑马"为官生涯。

永不愈合的伤口

　　1925 年 2 月，在清华大学再三诚挚的邀请之下，王国维终于答应任聘，担任该校正在筹建的国学研究所导师。4 月 18 日，为了授课方便，王国维携全家从城内迁到学校为其准备的清华园西院内的一处宅子里。

　　这处宅子有十几间房，但并不挨着，即十六号五间、十八号七间，均属于古色古香的中式平房，虽比不上他们之前所居住的宅子那般华丽宽敞，但胜在优雅安静，是个研究学问、休养生息的好去处。

　　清华大学前身是 1909 年在北京设立的游美学务处的附设肄业馆，于 1911 年更名为清华学堂，是由美国"退还"的部分"庚子赔款"建立的留美预备学校，1912 年正式裁撤游美学务处，更名为清华大学，由唐国安担任首届校长。1924 年 5 月曹云祥成为正式校长，并于 1925 年春成立国学研究院，在胡适的推荐下，聘请梁启超、王国维、陈寅恪、赵元任等人为学生担任导师。

王国维答应清华大学的聘请，其中的曲折程度不亚于之前北京大学的"三顾茅庐"。

清华大学第一次聘请王国维是在 1924 年秋天，校长曹云祥在胡适的陪同下亲自前往地安门内织染局 10 号王国维的寓所，但是被王国维婉言谢绝了。于是曹云祥特别委托胡适前去下聘书，原因有二：

其一王国维是胡适推荐的，其二胡适所居住的北京钟鼓寺 14 号，离王国维的居处并不远，两人一向有来往，关系密切。

对于王国维的聘请，清华大学可谓是煞费苦心。他们考虑到溥仪虽然已经被废，但王国维从任"南书房行走"时就和清朝皇室难以撇清关系了。所以，他们又坚持不懈地出面请来了末代皇帝溥仪代为劝说王国维，按照溥仪的原话就是："我无养贤之赀，清华为我暂时养贤，亦稍慰我心。"看来，他是很赞同王国维去清华大学任教的，所以也加入了劝说队伍中去。所以在胡适转交聘书给王国维时，他并没有一口拒绝，而是答应"考虑一星期"后再做决定。

于是清华大学又派遣吴宓再顾茅庐。吴宓于 1925 年 2 月 9 日到清华大学就任，10 日被委为兼研究院筹备主任一职，他走马上任的第一件大事就是去城里拜访王国维。吴宓持"聘书"登门，并且对王国维"向上行三鞠躬礼"，他这一行为充分表达了校方聘请之诚，也深深打动了王国维，终于让王国维答应到清华大学任教。

1925年9月9日，在这个"每逢佳节倍思亲"的日子里，清华大学迎来了开学季。在校长曹云祥主持了开学典礼之后，清华工字厅又举行了由吴宓主持的首届研究院师生"茶话会"及"拜师礼"。从此，清华大学里就多了一个"布袍粗褂，脑后垂发辫者"的老教授——王国维。这位老教授对学生要求十分严格，在教学中讲求"知之为知之，不知为不知"的实事求是的精神，不久他就与梁启超、陈寅恪、赵元任一同被尊为"清华研究院四导师"。

清华大学老校长梅贻琦曾说："所谓大学者，非谓有大楼之谓也，有大师之谓也。"清华大学四大国学导师都是我国近代最杰出的学者。正是由于拥有他们这些优秀的导师，清华大学才能在创办两年之内，声望便远远超过了早于它创立的同类学校，清华国学院也由此开始建立了中国学术独立的传统。

王国维讲课认真负责而细致。在给学生讲解《说文解字》时，他所用的材料许多都是甲骨金文，用三体石经和隶书作比较。王国维要解决一个问题，先要把有关这问题的所有材料找齐全，才下第一个结论，接着再把结论和有关问题再次进行比较，最后才对此问题下最终结论。

王国维平时常常面目冷峻，给人一种难以接近的感觉。赵元任的太太杨步伟就十分害怕王国维。杨步伟是个直爽的大嗓门，但见了王国维却总是嗫不出声。王国维五十寿诞时，清华大学的同事办了三桌酒席祝寿，赵太太硬是躲避着不和王国维坐同桌："不！不！我不跟王先生一桌。"结果，王国维那一席一直都是默默不语，而赵太太那桌却笑语不绝。

王国维性格淡泊，不喜欢与人交游，在清华大学除了讲书授课以外，一般不主动跟学生谈话。从来都是上完课就走，回到自己的西院住所，钻进自己的书房研究学术。但是如果有学生登门拜访或致函，不管是求教或是辩论，不分老幼尊卑，从来都是一律接待，而且是知无不言，言无不尽。王教授的名声也由此越传越远，甚至还有在东南大学读书的学生慕名特意前来求教，就住在王先生家里。

在王国维眼中，学术为天下之公器，教书者不应该对求学者有门户之见，所以不管是不是自己的门下弟子，即使自己教学很忙，他都有问必答。在他执教清华的两年中不知道有多少清华学子领受了他的恩泽。

王国维在清华学校国学研究所期间，除了讲学之外，还不断开拓新的研究领域，他深受学生们的敬仰和喜爱。据徐中舒说："先生身着不合时宜之朴素衣服，面部苍黄，鼻架玳瑁眼镜，骤然视之若六七十许老人；态度冷静，动作从容，一望而知为修养深厚之大师也。"可是就在王国维以为能够就这样安度晚年之时，发生了两件对他和他的家庭都有极大打击的事情，那就是他的长子王潜明的离世以及和好友罗振玉的绝交。

王潜明是王国维与结发之妻莫氏所生，是海宁王家的长房长孙，他的出生就如王国维当年那般，被寄予了极大的期望。

王潜明于 1919 年与罗振玉的三女罗孝纯结婚，后由上海工部局所属的育才公学肄业，然后放弃已经考上的香港大学而投考海关，从众多考生中脱颖而出，被录取后他听从父亲的教诲，"虽服务海关，然平日游心文史"，具有深厚的文学修养。

王国维对自己这位懂事且有才华的长子十分重视，家中的大小事宜都会写信告知王潜明以征求他的意见。王家为书香世家，对于子女的教育从来都没有放松过。令王国维感到欣慰的是，他的孩子们都非常优秀，尤其是他的长子王潜明。

王国维任聘清华大学研究所导师后，王潜明便奉命调回上海海关工作，1926 年 6 月，王潜明突然生病，经过一番混乱的医治后，病势终未见好。

为何要说是混乱的医治呢？这是因为看病的大夫对王潜明的病情并没有做出准确的判断，更不要说是正确的治疗了。

根据当时的记录来看，王潜明是六月左右生病的，主要症状就是腹泻。这个病也就是我们今天所说的急性肠炎。但是，由于当时的医疗条件有限，罗振玉虽然请到了中医与西医一同诊治，但都没有准确地诊断出王潜明的病情，以至于错过了最佳的治疗时期，导致病情恶化。王潜明从得病到逝世仅仅经过了三个月的时间。

接到爱子王潜明病危的消息，王国维心急火燎地赶到上海，但也只见到了其最后一面。1926 年 9 月 26 日，年仅 27 岁的王潜明不幸病逝。白发人送黑发人，王潜明的离去对王国维的打击格外沉重，使王国维从此一蹶不振。据罗振常回忆说："入殓之日，从妹痛不欲生，由先慈、孟姊陪之，痛哭劝慰；先君则陪观堂，避于灶间。"

长子离世，年近五十的王国维瞬间苍老了许多。王国维青年丧父，爱妻难产而亡，现在长子又先他一步离去，这一切都令他难以承受。就当王国维还沉浸在痛失爱子的悲恸中难以自拔之时，由于一些误会，与他相交一生的好友兼亲家罗振玉却带着他的女儿罗孝纯即王国维的儿媳先行返津了。对于他的这一行为，王国维虽然感到十分的难堪，但仍认为只是一种暂时现象。所以，他在妥善处理潜明丧事的同时，又尽其所能为安排好长媳未来的生活办了两件事：首先是立嗣。由于王潜明无后，王国维决定将次子王高明的长子王庆端过继给王潜明。其次是恤寡。王国维办理儿子王潜明的海关抚恤金等遗款，委托在沪的老友金颂清，并通过银行将款全数汇至天津罗家。

1926 年 10 月 24 日，王国维写信给罗振玉："维以不德，天降鞠凶，遂有上月之变。于维为冢子，于公为爱婿，哀死宁生。父母之心，彼此所同。不图中间乃生误会，然此误会久之自释，故维初十日晚过津，亦遂不复相诣，留为异地相见之地，言之惘惘。"

　　还说了："初八日在沪，曾托颂清兄以亡儿遗款汇公处，求公代为令媛经理。今得其来函，已将银数改作洋银二千四百二十三元汇津，目下当可收到。而令媛前交来收用之款共五百七十七元（镯兑款二百零六元五角，海关款二百二十六元五角，又薪水一个月一百四十三），今由京大陆银行汇上。此款五百七十七元与前沪款共得洋三千元正，请公为之全权处置，因维于此等事向不熟悉，且京师亦非善地，须置之较妥之地，亡男在地下当感激也。"

　　王国维在信中流露出想要化解误会的心意，且汇款给罗振玉，并用"求公代为令媛经理""请公为之全权处置"等委曲求全的语句，表达了自己的诚意。

　　随后王国维又派了男仆冯友专程赴津，将从上海运回的潜明夫妇的家具送至罗宅。然而，冯友从天津返回时，带来的却是罗振玉的拒款信。罗振玉以自己女儿的名义，将钱退回。

　　王国维还是不甘心，10月25日，又致信罗振玉，仍请罗将钱收下，说："令媛声明不用一钱，此实无理，试问亡男之款不归令媛，又当谁归？仍请公以正理谕之。我辈皆老，而令媛来日方长，正须储此款以作预备，此即海关发此款之本意，此中外古今人心所同，恐质之路人无不以此为然也。京款送到后，请并沪款一并存放，将原折交与或暂代为收存，此事即此已了，并无首尾可言。"

罗振玉仍不领情，再次将钱退回。一而再地被拒绝，王国维觉得自己最看重的人格受到了侮辱。他气得不能言语。女儿王贞明看见父亲从书房抱出了一叠信件，撕了再点火焚烧，王贞明走近去看，见信纸上款写着："观堂亲家有道……"

10 月 31 日，他又一次写信给罗振玉，说："亡儿遗款自当以令媛之名存放。否则，照旧时钱庄存款之例，用'王在记'亦无不可。此款在道理、法律，当然是令媛之物，不容有他种议论。亡儿与令媛结婚已逾八年，其间恩义未尝不笃，即令不满于舅姑，当无不满于其所天之理，何以于其遗款如此之拒绝？若云退让，则正让所不当让。以当受者而不受，又何以处不当受者？是蔑视他人人格也。蔑视他人人格，于自己人格亦复有损。总之，此事于情理皆说不去，求公再以大义谕之。此款即请公以令媛名存放，并将存据交令媛。如一时不易理谕，则暂请代其保存。"

直到此时罗振玉才收下此款，回信说："拟以二千元储蓄为嗣子来日长大婚学费，余千元别有处置之方法，以心安理得为归，不负公所托也。"

1925 年 8 月上旬罗振玉生日的时候，王国维还专程到天津祝寿并写诗贺之，诗尾有"百年知遇君无负，惭愧同为侍从臣"句。不料，不过一年光景，二人关系竟发生如此巨变。此事无疑在王国维心中留下了巨大的阴影。

抚恤金的几次寄出与退回悄然磨损着两人的感情，也加剧了王国维的愤怒，但他每次去信时都强压情感，言辞婉转，生怕进一步影响两人的感情，然而罗振玉的回信言辞却愈加激烈，在两人一来一往的书信辩论之后，1926 年 12 月 2 日罗振玉对王国维发来了"绝交书"：

"弟交公垂三十年。方公在沪上，混豫章于凡材之中，弟独重公才秀，亦曾有一日披荆去棘之劳。此卅年中，大半所至必偕，论学无间，而根本实有不同之点。圣人之道，贵乎中庸，然在圣人已叹为不可能，故非偏于彼，即偏于此。弟为人偏于博爱，近墨；公偏于自爱，近杨。此不能讳者也……"

信中罗振玉以墨子自喻，而将王国维比作杨朱，指出这几十年来自己一直倾囊而出无私地帮助王国维，从未有怨言，而王国维却自私自利，一直白白享受着馈赠却不知恩图报。

这封信是罗振玉与王国维许久以来所生嫌隙终于爆发的产物。双方的矛盾从家庭琐事被罗振玉在信中上升到对王国维人格的质疑与对两人友谊的否定，这对王国维来说，是一个突如其来的打击。

在这封"绝交书"里，罗振玉一味地"恶意相向"，全然不顾王国维的感受，最终导致两人近三十年的深厚友情和学术情谊彻底走向决裂。

　　罗振玉的这封"绝交书"和其他一些信件都被完整地保存下来。长女王东明读到"绝交书"后感慨万分，说："任何一句，无不伤人自尊，不是常人所能忍受的。也由此，使我想到被父亲焚去的信件，当有更甚于此者。再从父亲给罗氏的信来看，无不婉转谦抑，委曲求全，未发现有恶言相向的。我常常痴想，如果二人不失和，父亲伤心时得到挚友的劝解慰藉，迷惘时获得劝解宣泄，或可打消死志，拉一把与推一把，其结果就不可以道里计了。"

经此事变，义无再辱

　　1926 年 7 月 9 日，国民政府成立国民革命军，从广东起兵，宣布北伐，轰轰烈烈的北伐战争开始了。

　　北伐军在不到半年的时间里，打垮了吴佩孚，消灭了孙传芳主力，进占到长江流域和黄河流域部分地区，沉重地打击了帝国主义和封建军阀的反动统治。由中国共产党人领导的以两湖为中心的全国工农运动亦迅猛发展，有力地支援了北伐战争。北伐战争还得到苏联政府的援助，苏联政府不仅以大批武器弹药、军需物资装备北伐军，还派遣了大批军事干部担任顾问，参加作战指挥。

　　革命势力的猛烈发展，直接威胁到帝国主义的在华利益。1927 年 3 月，帝国主义命令它们在下关的军舰对南京市内的北伐军和市民开炮轰击，制造了中国军民死伤 2000 余人的南京惨案。

　　而以蒋介石为首的国民党右派也同帝国主义和中国资产阶级右翼勾结起来，加紧反革命的阴谋活动。1927 年 4 月 12 日，蒋介石公开发动了反革命政变，即"四一二"政变，北京局势也日趋紧张。不久李大钊遇害，学生界大为愤怒，加之叶德辉在湖南的农民运动中被处决，罗振玉也已经躲进东交民巷某国大使馆，清代遗老都纷纷"逃难"，个个犹如大祸临头！就连从不介入政治的吴宓，也因为其主编的《学衡》抨击过新文化运动，而担心"党军到京，宓身甚危，至少亦恐受辱"。

时代风云变幻，这时候的王国维在经历了长子离世以及与好友决裂之后倍感人生凄凉，在这个看不懂的世界里，他不得不面临新的生命问题———一个大半生浸润在封建时代里以研究古典文学为志业的旧学问人，该如何在这个日新月异的时代中安身立足？

鉴于他曾做过清朝末代皇帝溥仪的老师，又有"学前侍从"的身份，加之他虽然在之前兴起的"剪辫子"潮流中躲过一劫，但如今这条辫子已经变成他的死穴，是被那些所谓的新文化潮人认定的封建社会的标志，是不能被容忍的。

在政治变革前夕，好多人劝他离开清华大学暂避，但是王国维却以一句"时事如斯，余全无可惜。惟余除治学外，却无从过活耳"拒绝了。之后梁启超也劝他前往日本暂避。日本对于王国维来说并不陌生，但是曾经几度流寓日本的王国维最后都不满而归，让他不愿再远渡东洋；再者王国维现在年纪大了，人都有"落叶归根"的想法，他不想在晚年还落得个流落异乡的窘迫形态，所以他毅然决然地拒绝了梁启超的这一提议。

5月下旬，马衡来看王国维，考虑到他不肯外出避难，就劝说他先剪去辫子，以免带来麻烦。但是他却不为所动，他的家属及研究院师生也都劝他赶快把辫子剪掉。他却说："诸君皆速余剪其辫，实则此辫只有待他人来剪，余则何能自剪之者。"之后他的学生姜亮来看他，他对姜亮说道："亮夫！我总不想再受辱，我受不得一点辱！"这一切足以说明，王国维宁愿"留辫取祸"，也不愿"自剪免辱"的人格尊严。这也才有了日后梁启超挽联有"一死明行已有耻之义"、陈寅恪挽诗有"一死从容殉大伦"等语。

碍于局势，清华大学决定让研究院学生提前放假，并于6月1日中午在"工字厅"举行"师生叙别会"。席间，王国维和平时一样沉默寡言，散席之后，他与陈寅恪一同散步回家，并到陈寅恪家中小坐了一会儿，在得知国学研究所的学生姚名达、朱广福和冯国瑞三人去了家中才匆匆赶了回去，在畅谈了一个小时后才送走了学生们。

晚饭之后王家又迎来了学生谢国桢和刘节的拜访，谈到当前时局问题时，王国维神色黯然地说："闻冯玉祥将入京，张作霖欲率兵总退却，保山海关以东地，北京日内有大变。"

1927年6月2日上午，他照常八点钟去研究院办公室上班，在处理好日常事物之后，大约九点时，他向同事侯厚培借了五元钱，雇了辆校内黄包车，十点左右到达颐和园。

到了颐和园，他让车夫在园外等候，自己则一个人漫步向园内走去。走了大约半个小时，在经过长长的长廊后，到达排云殿鱼藻轩。他站在湖边，点了支烟，慢慢地抽着，独自沉思。十一点左右，他掐灭了烟头，纵身投入湖中，结束了他这短暂却轰烈的一生。

王国维投湖自尽的消息于晚上 7 点传到了清华园内。得知这一消息，大家都非常吃惊，悲恸不已，学子、老师们在校长的带领下匆匆赶到颐和园。打捞起来的王国维此时已经变了模样，僵硬地躺在地板上，被一张破旧蒦席盖着，极其凄凉，令人不忍直视。大家从王国维的遗物中，找到一封遗书：

五十之年，只欠一死。经此世变，义无再辱。我死后，当草草棺殓，即行槁葬于清华园茔地。汝等不能南归，亦可暂于城内居住。汝兄亦不必奔丧，因道路不通，渠又不曾出门故也。书籍可托陈、吴二先生处理。家人自有人料理，必不至不能南归。我虽无财产分文遗汝等，然苟谨慎勤俭，亦必不致饿死也。五月初二日，父字。

这封遗书证实了王国维的确是自尽身亡的。在遗书中，他明确了自尽原因，还妥善地安排好了身后之事。

　　王国维的死对于他的家人、朋友来说，都是一个极大的打击，但是遵循王国维"当草草棺殓，即行槁葬于清华园茔地"的遗愿，他的家人在刚秉庙内为他举行了简朴的丧礼，前来悼念、送别的人颇多，有清华大学的研究院学生，教授梅贻琦、吴宓、陈寅恪、梁漱溟、陈达，还有北大教授马衡，燕大教授容庚等，陈寅恪和吴宓还向灵柩行了跪拜大礼以缅怀对挚友的深情。

　　6月4日，王国维投湖自尽的消息传入天津罗宅，此时罗王二人绝交已有半年之久，罗振玉在震惊之余，让其四子罗福葆仿王国维本人的笔迹缮写了一份《遗折》，于6月5日代呈逊帝溥仪，他自己则赶赴北京为王国维料理后事，随后又资助王氏遗孀潘夫人携带幼小的子女南归故里。

　　溥仪在接到"遗折"后，大为震惊和感动，立即"降谕"对王国维的忠贞予以嘉奖，虽然后来证实所谓的"遗折"实属莫须有，但罗振玉与溥仪二人的行为还是为王国维烙上了"殉清"的标签，曾一度被广为传颂。

　　王国维逝世以后，昔日的好友罗振玉评价他"博学强识，并世所稀，品行峻洁，如芳兰贞石，令人久敬不衰"，对他的学术研究方法罗振玉也有所评价："先生的学问，是用文字、声音，考古代的制度、文物和他自己所创立的方法而成功的，他的方法由博反约，由疑得信，做到不悖不惑，刚刚适可而止。"

　　作为王国维终身挚友，虽然其间有些许波折，但是这位曾经与他朝夕相处的友人也该是最了解他的人。

为了弥补他对王国维的遗憾，罗振玉于 1927 年秋到 1928 年春，仅用半年多的时间就汇编了王国维生前的著作，并编印出版了第一部王国维全集《海宁王忠悫公遗书》。

直到晚年，罗振玉还在怀念与王国维的"三十年金石之交"，还对儿孙辈讲了诸如"我负静安，静安不负我"之类的话语，来表明自己深深的悔意。

王国维沉湖后，各界人士都为之十分惋惜，梁启超也说，"此公治学方法，极新极密，今年仅五十一岁，若再延十年，为中国学界发明，当不可限量"。

王国维的投湖自沉是近代中国学术史上一个巨大的损失，凭借王国维的才学与其进精不已的治学精神，若是没有晚年的变故，将会是学术界多大的幸运，然而，这世间没有如果。

王国维的女儿王东明曾说："父亲一生是个悲观的文人，他的死亦如他的诗有着孤寂之怆美——最是人间留不住，朱颜辞镜花辞树。"

关于王国维的死因，世间众说纷纭，但事实也许并没有人们说的那么复杂，也许就正如王国维自己在遗书中写的那样，"经此事变，义无再辱"，如此而已。

义无再辱，不再受辱。这便是尊严，一位读书人的尊严。

在这份尊严面前生命只是一个点缀，家国破败，国家与民族前途堪忧，他想静心研究学问的心愿被打破……无奈至极，纵身一跃便是解脱。

无论究竟是何种原因导致一代大师王国维以自杀的方式结束了自己的一生，他的离世给世间留下了太多的遗憾。

一代大师陨落，人间从此再无王国维！

后记
最是人间留不住

1927年6月2日，民国时期再寻常不过的一天。

在北京颐和园门口，一辆黄包车停住了。走下来一位身材不高，身着长袍，脑后拖着一条辫子的老人。他步履匆匆，不作停留地径直走向园内的昆明湖畔。

在排云殿西册的鱼藻轩前，他停住了，接着点燃一支纸烟，徘徊许久。

烟尽，老人从容跃入水中。

从老人投湖到被园役发现并救起，只有短短几分钟。然而，人已气绝。

当时围观之人并不知晓老人的真实身份，直到有人发现这位老人脑后的一个辫子，方才明白这便是国学大师王国维了。

随后，人们又在老人身上发现一封遗书：

五十之年，只欠一死；经此世变，义无再辱。我死后当草
草棺殓，即行槁葬于清华茔地。汝等不能南归，亦可暂于城内
居住，汝兄亦不必奔丧，因道路不通，渠又不曾出门故也。书
籍可托陈、吴二先生处理，家人自有料理，必不至不能南归。
我虽无财产分文遗汝等，然苟谨慎勤俭，亦必不致饿死也。五
月初二日，父字。

随着王国维义无反顾的一跃，这一天也被永远定格在随着
大师之死引发的全国为之震惊、悲痛且困惑的"斯芬克斯之谜"
中。人们不解，在他被公认为学术研究巅峰时期的知命之年，
他为何要以这种方式泯灭辉煌？他的死，让人不禁联想到两千
年前汩罗河畔孤独忧郁的屈原。而关于他的死因，人们也臆测
纷纷。

有人说，他是因为与罗振玉合做生意赔本，欠下巨额债务，
才被逼无奈；有人说，他是考虑自己前清遗老的身份，担心日
后会落入北伐军手中，蒙受耻辱；还有人说是王老以"尸谏"
的方式劝阻皇帝溥仪东渡日本避难……

实际上，在民国年间，王国维的"自沉"并非孤案。在他之前，
有清末学者梁济于 1918 年在北京积水潭投水自尽，有年轻作
家王以仁 1926 年从轮船上跳海；在王国维之后，有青年作家
顾仲起于 1929 年跳入黄浦江；有被鲁迅称为"中国的济慈"

的诗人朱湘 1933 年在南京采石矶投水自杀。

透过民国时期文人自杀的现象，我们似乎可以看到一个社会在转型期间的重重危机。这种危机不仅反映在社会现实之上，还渗透在个人的文化思想与价值信仰里。而一向敏感而善于查看时代风气的文人，便首先遭遇了身份认同与精神追求的矛盾。所有的彷徨、忧郁、迷茫甚至自绝，也都因此而生。

五十之年，只欠一死；经此世变，义无再辱。

文化价值的断裂将诗人深陷入进退失据的困境。于是，王国维只能选择自杀的方式使自己的人格得以保全。也许他的自绝消极而无奈，但却蕴含着丰富而深刻的文化意义。因为在王国维的生命里，浓缩着一个过渡时代的彷徨与迷茫。

只是后来的人们，大概是出于对王国维的爱护，总是回避他对清朝的感情，回避对大革命的厌恶之感，甚至有意让他跟罗振玉划清界限。因为，在这些人眼里，如果不是这样，便成为先生的污点。

其实，一个真实的王国维，要比加上如此诸多好心遮羞布的大师，要可敬得多。